Die 50 populärsten Titanic-Irrtümer

TITANIC

Die 50 populärsten

Titanic-Irrtümer

Benedikt Grimmler

BUCHER

Die 50 populärsten Irrtümer

1 Die *Titanic* – eines der schnellsten Schiffe ihrer Zeit

Wenn sich ein Europäer oder Amerikaner Anfang April 1912 überlegte, auf welchem Schiff er eine Passage für die Nordroute über den Atlantik buchen sollte, dann stand ihm eine Auswahl an renommierten Reedereien mit hervorragenden Dampfern zur Verfügung: die deutsche Hamburg-Amerika-Linie, der Norddeutsche Lloyd, die britische Cunard sowie die White Star Line.

Das Angebot der White Star war zu diesem Zeitpunkt vielleicht das verlockendste: eine Jungfernfahrt auf einem riesigen Dampfer mit gut 45 000 Tonnen, Platz für gut 3500 Personen, mit einem für Passagierschiffe bis dahin ungekannten Luxus, im Rufe der Unsinkbarkeit stehend, kommandiert von einem der angesehensten Kapitäne, Edward J. Smith. Die Überfahrt auf der *Titanic* versprach eher einen Hotelaufenthalt auf See – natürlich nur für die Passagiere der ersten und zweiten Klasse. Aber auch das Zwischendeck war so eingerichtet, dass es Auswanderern Komfort bot wie kein anderes Schiff jener Zeit. Das White-Star-Angebot hatte nur einen Makel: Wer Wert auf die schnellstmögliche Reise legte, war bei der Cunard Line besser aufgehoben. Natürlich, der vorrangige Anspruch der *Titanic* war, Luxus pur zu bieten – aber natürlich galt Schnelligkeit damals wie heute als ein Kriterium für Fortschritt und technische Überlegenheit.

Die *Titanic* im englischen Hafen Southampton.

Die *Titanic* hatte 29 Kessel, was aber die Höchstfahrt unter Volldampf angeht, gehen die Meinungen der Experten weit auseinander. Realistisch ist wohl die Annahme, dass die *Titanic* nie schneller als 24 Knoten hätte laufen können, und das nur unter Volldampf und für begrenzte Zeit. Diese Geschwindigkeit hat sie aber wohl nie erreicht. Für ein so riesiges und schweres Schiff war das eine beachtliche Leistung, aber kein Tempo, das sich annähernd mit Cunards *Mauretania* messen konnte. Auf kurzen Testfahrten nach dem Stapellauf hatte die *Titanic* 18 Knoten, als Spitzenwert um die 21 Knoten erreicht – nicht sehr beeindruckend, aber natürlich war das Schiff noch nicht eingefahren, und man ging auch nicht auf Volllast. Anschließend fuhr sie nach Southampton – mit durchschnittlich 20 Knoten. Kurzzeitig habe sie sogar volle 23,5 Knoten erreicht. Das hätte aufhorchen lassen, nur verbürgt ist es nicht. Für die Frage nach der Unglücksursache spielt dies aber keine Rolle. Die vielen Diskussionen drehen sich darum, welche Fahrt die *Titanic* auf der unglückseligen Reise nach dem Verlassen von Queenstown in Irland auf dem offenen Meer lief. Es ist unstrittig, dass sie täglich schneller wurde. Das wird kaum überraschen, denn die Mannschaft war eingespielt und wurde immer vertrauter mit den Maschinen. Man wagte zunehmend, die Möglichkeiten auszureizen, die das Schiff bot. Daran gäbe es auch nichts auszusetzen, wären da nicht am Sonntag, dem 14. April, vermehrt Warnungen über Eis auf der Route eingegangen. Alles deutet darauf hin, dass man sich weiter südlich als gedacht auf ein Eisfeld zubewegte. Captain Smith nahm eine kleine Kurskorrektur vor, die viel zu zaghaft war, um etwas zu bewirken. Aber auch nach Einbruch der Dunkelheit ließ er die Geschwindigkeit nicht reduzieren. Und die lag zu diesem Zeitpunkt, da sind sich alle Experten mit allenfalls winzigen Abweichungen einig, bei etwa 22 Knoten – also unverantwortlich hoch. Die *Titanic* war anderen Schiffen ihrer Zeit sicher an Schnelligkeit unterlegen, nur in dieser kalten Nacht vom Sonntag auf Montag – man kann es kaum anders ausdrücken – raste sie ungebremst in das Eisfeld hinein. Die Verantwortung hierfür trug der Kapitän.

Die *Titanic* war ein beliebter Werbeträger – sogar für Seife.

***R.M.S.* und *S.S. Titanic* – vor dem Namen *Titanic* finden sich beide Abkürzungen: S.S. steht dabei ganz prosaisch für Steam Ship, R.M.S. für Royal Mail Ship, da sie Postdienste leistete. Das tief unten liegende Postlager wurde sofort nach der Kollision geflutet.**

2 Das Blaue Band – die *Titanic* greift nach der Trophäe

Die *Kaiser Wilhelm der Große*, ein luxuriöser Passagierliner des Norddeutschen Lloyds, eroberte 1897 die für jeden Reeder wohl begehrteste Trophäe: das legendäre Blaue Band. Schnell und schnittig, konnte das deutsche Schiff den Rekord für die schnellste Atlantiküberquerung immerhin zwei Jahre lang halten. Doch in der Zeit danach hatten die Reedereien an der deutschen Nordseeküste nicht mehr viel zu tun mit der Jagd nach dem Blauen Band. Von nun an handelte es sich fast ausschließlich um einen Wettbewerb zwischen den beiden britischen Konkurrenten White Star und Cunard.

Die White Star hatte bald kräftige Förderer auf ihrer Seite, die International Mercantile Marine (IMM), eine amerikanische Gesellschaft, hinter der letztlich der Bankier J. P. Morgan stand. Die IMM arrangierte sich mit den deutschen Linien, um Cunard in die Knie zu zwingen, was aber nur dazu führte, dass die britische Regierung wiederum Cunard stärker unterstützte. Tatsächlich hatte Cunard für lange Zeit die Nase vorn im Kampf um die Schnelligkeitsrekorde. White Star verlegte sich deshalb darauf, die Konkurrenz an Tonnage zu übertrumpfen: mit Schiffen wie der *Olympic* und der *Titanic*.

Werbeplakat der White Star Line für ihre Europa-Amerika-Schiffe

Und die Deutschen? Die sahen zu – und hielten ein Gerücht am Leben, das der Hybris der Briten die Solidität deutschen Schiffbaus gegenüberstellte: Die *Titanic* habe um jeden Preis auf ihrer Jungfernfahrt das Blaue Band erobern wollen und dabei auf Geschwindigkeit anstatt auf Sicherheit gesetzt. Diese Sicht der Dinge existierte natürlich nicht nur in Deutschland, aber dort hielt – und hält – sie sich besonders hartnäckig.

Die Mär von der Trophäenjagd ist, das zeigt allein ein Blick auf die technischen Daten, reiner Humbug. Die *Mauretania* hatte das Blaue Band drei Jahre vor der Jungfernfahrt der *Titanic* (wieder) erobert. Sie war nicht nur leichter, sondern auch stärker. Ihre Höchstgeschwindigkeit lag gleich mehrere Knoten über jener der *Titanic*. Die White Star Line hätte sich also auf einen aussichtslosen Kampf eingelassen, wenn sie der *Mauretania* mit einem langsameren Schiff das Blaue Band hätte abnehmen wollen.

Die *Mauretania*, lange Zeit ungeschlagene Trägerin des Blauen Bands

Doch wie war es mit einem internen Wettbewerb – ein Gerücht, das ebenfalls noch immer die Runde macht? Motive gab es genug: Es wäre ein schöner Erfolg für Captain Smith gewesen, wenn er auf der Jungfernfahrt die Zeit des Schwesterschiffs *Olympic* unterboten – und sich damit selbst geschlagen hätte, da er auch die *Olympic* auf der Jungfernfahrt geführt hatte. Oder wenn er gar mit der brandneuen *Titanic* das inzwischen eingefahrene Schwesterschiff übertrumpft hätte. Schließlich war auch noch Reeder Ismay persönlich an Bord, dem solch eine Demonstation von Seemannskunst sicher imponieren würde. Vielleicht habe er sich solch einen kleinen Rekord gewünscht und entsprechend auf die Brückencrew eingewirkt.

Viele dieser Spekulation nähren sich aus der unerklärlichen Tatsache, dass der Kapitän sein Schiff mit voller Fahrt in das Eisfeld hineinsteuerte. Es fällt schwer, die Motive Smiths nachzuvollziehen, vor allem, da nicht alle Seeleute der gleichen Meinung waren wie die Verteidiger Smiths, sondern angesichts der Eiswarnungen eine Geschwindigkeitsreduzierung für ratsam bis unerlässlich hielten. Mehr als Spekulationen ist aus heutiger Sicht allerdings nicht möglich – nur den absurden Ehrgeiz, mit einem unterlegenen Schiff das Blaue Band um jeden Preis holen zu wollen, können weder Ismay noch Smith gehegt haben.

Mauretania – Cunards schnelle Liniendampfer für den Atlantik waren zwar gut 15 000 Tonnen kleiner als die Konkurrenz von der White Star, aber bedeutend schneller. Die _Mauretania_ konnte an die 27 Knoten erreichen und hielt das Blaue Band unangefochten von 1909 bis 1929.

3 Das größte Schiff der Welt – aber aus schlechtem Material

Harland & Wolff in Belfast, die Werft, bei der die White Star Line ihre Schiffe bauen ließ, hatte für den Auftrag über die drei geplanten Luxusliner der olympischen Klasse _Olympic, Titanic_ und _Gigantic_ extra ihr Betriebsgelände umbauen müssen. Das Vorhaben sprengte die bisher üblichen Maße, war aber andererseits so prestigeträchtig, dass man solche Unannehmlichkeiten in Kauf nahm. Es wurden also neue Hellinge errichtet, nach deren Fertigstellung mit dem Bau der neuen Schiffstypen begonnen werden konnte.

Zum Verwechseln ähnlich: das Schwesterschiff *Olympic* (vgl. S. 10).

Das Ergebnis konnte sich sehen lassen und entsprach sicher den Vorstellungen sowohl der Reederei White Star als auch J. P. Morgans IMM, die ja der Konkurrenz von Cunard mit ihren schnellen Schiffen einen neuen Trumpf entgegensetzen mussten: schiere Größe und eine pompöse Ausstattung. Die *Titanic* war 269 Meter lang und erreichte an ihrer breitesten Stelle 28,2 Meter. Schornsteine und Masten nicht mitgezählt, war sie vom Kiel bis zum Brückendach etwas über 30 Meter hoch, davon lag mindestens ein Drittel unter Wasser. Ihr Raummaß war etwa 46 300 Brutto- und 21 800 Nettoregistertonnen.

Natürlich waren das enorme Ausmaße – kein anderes Schiff konnte da mithalten – bis auf eines: die *Olympic*. Die *Titanic* wird oft als das größte Schiff ihrer Tage bezeichnet, aber sie war es nicht, jedenfalls nicht allein. Ihre ältere Schwester hatte die gleichen Maße, lediglich bei den Gewichtsangaben bestand ein Unterschied – dieser wäre normalerweise nicht aufgefallen, aber da man als Grund dafür die Verkleidung des A-Decks ansieht, kann man sogar mit bloßem Auge erkennen, warum die *Titanic* etwas schwerer war.

Harland & Wolff hatte ganze Arbeit geleistet: Die White Star und die IMM konnten zufrieden sein. Die neuen Schiffe hatten für Aufsehen gesorgt, der Betrieb mit der *Olympic* lief einigermaßen reibungslos, der dritte Riesenliner war schon in Auftrag. Dann kam die Katastrophe: der Untergang der *Titanic* gleich bei der Jungfernfahrt. War die Arbeit doch nicht so mustergültig gewesen? Naturgemäß tauchten nun allerlei Fragen und Verdächtigungen auf, die Werft könnte irgendwo geschlampt haben.

Zwei Monate vor dem Untergang: ein Kalenderblatt wirbt mit den »größten Dampfern der Welt«.

Um eines klarzustellen: Für gewisse Regelungen, die uns heutzutage absurd vorkommen, waren weder die Werft noch die Konstrukteure verantwortlich. Dazu zählten die Anzahl an Rettungsbooten sowie die Höhe der Schotten. Beides entsprach den Vorgaben des Handelsministeriums. Auch die Frage, ob die Außenhaut vielleicht zu dünn war, bleibt müßig. Sie entsprach dem damaligen Standard und kann daher nicht im Speziellen bei der *Titanic* kritisiert werden.

Immer wieder wird behauptet, man habe sehr schlechten Stahl verwendet, der bei kalten Temperaturen porös geworden sei, dazu falsche Nieten, die sich leicht lösten. Argumente wie diese wurden in die Diskussion geworfen, nachdem das Wrack entdeckt worden war. Die *Titanic*, die nach einem Sturz über gut 4000 Meter in die Tiefe inzwischen rund 100 Jahre auf dem Meeresboden liegt, macht für angeblich minderwertiges Material immer noch einen recht imposanten und guten Eindruck, wenn man die Umstände berücksichtigt. Doch es gibt auch ein recht einfaches Argument, das die Gerüchte um das Material widerlegt: Die *Olympic*, das wohlgemerkt ältere Schiff, hat noch bis 1935 ihren Dienst versehen. Es ist kaum vorstellbar, dass sie mit schlechtem Stahl oder lockeren Nieten so lange durchgehalten hätte. Auch die jüngere Schwester, nun weniger prätentiös in *Britannic* umbenannt, hatte in dieser Hinsicht keine Probleme, auch wenn sie nur kurz in Betrieb war. Ein deutsches U-Boot bereitete ihr im Ersten Weltkrieg ein schnelles Ende.

4 Unsinkbar – dank ihrer Schotten

Es gehört zur Legende der *Titanic*, dass sie stets mit dem Adjektiv »unsinkbar« verbunden bleiben wird. Nicht unbedingt ihre Größe oder ihre immens luxuriöse Ausstattung gehören zum kulturellen Gedächtnis, sondern der Irrglaube an die Unsinkbarkeit des Schiffs. Tatsächlich hatte die Reederei dies nie so explizit behauptet – sie sprach in ihren Ankündigungen von »praktisch« unsinkbar. Aber was heißt in diesem Zusammenhang schon »praktisch«? Die Formulierung selbst ist spitzfindig genug, verdrängt sie doch ein mögliches Sinken in die Sphäre des Theoretischen.

Ein Skeptiker wird sich auf den Standpunkt stellen, kein Schiff der Welt könne für sich beanspruchen, unsinkbar zu sein, da es immer Unwägbarkeiten geben wird. Und die Geschichte der Seefahrt inklusive der *Titanic* wird dies bestätigen. Aber genau dies wollte die White Star Line wohl andeuten: Für rein theoretische Konstellationen könne sie zwar nicht einstehen, aber was an technischem Wissen in Bezug auf Sicherheit zur Verfügung stand, habe sie in ihr neues Prestigeobjekt investiert.

Dies kann nicht ernsthaft bezweifelt werden. Der Ruf der Unsinkbarkeit beruhte vor allem auf dem Einbau von 15 wasserdichten Schotten. Es handelte sich dabei um massive senkrechte Querschotten, die den gesamten Schiffsrumpf in 16 Abteilungen gliederten. Durch einen einzigen Knopfdruck konnten diese Schotten von der Brücke aus alle gleichzeitig geschlossen und die Abteilungen damit abgetrennt werden. Dies geschah auch unmittelbar nach der Kollision mit dem Eisberg. Außerdem stand eine innovative Technik zur Verfügung, die auch bei unbemerktem Eindringen von Wasser die Schotten schließen würde: Die jeweiligen Schwellen der Schotts konnten Wasser registrieren und senkten sich dann automatisch. Kurzum: Die *Titanic* konnte auch noch mit mehreren gefluteten Abteilungen weiterfahren und den nächsten sicheren Hafen erreichen. Man ging davon aus, dass bis zu vier Sektionen geflutet werden könnten, ohne dass die Schwimmfähigkeit verloren ging. Selbst wenn die *Titanic* nicht mehr fahrtüchtig sein sollte, würde noch genug Zeit bleiben, um andere Schiffe rechtzeitig herbeizurufen.

Das war die Theorie am Reißbrett von *Harland & Wolff*. Praktisch allerdings hatte die *Titanic* nach dem Zusammenstoß mit dem Eisberg keine

Längsschnitt der *Titanic*: Gut erkennbar sind die nach oben zu kurzen Schotten.

realistische Chance – nicht auf längere Schwimmfähigkeit, geschweige denn auf eine sichere Weiterfahrt. Ihr Konstrukteur Thomas Andrews, der sich an Bord befand, machte dies nach seiner Inspektion der Schäden dem Kapitän schnell klar. Dafür gab es mehrere Gründe: Das Schiff war auf einer Länge von 90 bis 100 Metern am Eisberg entlanggeschrammt. Dabei waren die Außenwände von fünf Sektionen mehr oder weniger stark beschädigt worden; in alle drang Wasser ein. Das war mindestens eine Sektion zu viel.

Zweitens reichten die Schotten der *Titanic* zwar weit über die Wasserlinie, wie es den Vorschriften entsprach, aber nicht bis zum Hauptdeck, das als wasserdicht galt. Dies führte dazu, dass sich – wie bei manchem Schaubrunnen – die erste Bugabteilung langsam bis zum Rand füllte, dann schwappte das Wasser über den Rand des Schotts und begann von oben her das nächste Abteil zu füllen. Da die ersten fünf Sektionen auch jeweils an der Seite Risse und Löcher abbekommen hatten, durch die Wasser einbrach, ging das recht schnell. Der Vorgang hätte sich dann ab Sektion Nummer sechs etwas verlangsamen können – aber man darf nicht vergessen, dass der Bug nun schon so weit gesunken war, dass es dem Wasser nun ungleich leichter fiel, die nächste Schottbarriere zu überwinden.

Das Hauptdeck galt, wie eben erwähnt, als wasserdicht, doch war dies nicht mehr relevant, da ein bis dahin mit Wasser gefülltes Schiff schon aufgrund seiner Masse weiter gesunken wäre. Für das Geschehen auf der *Titanic* spielte es sowieso keine Rolle mehr, da der Bug vorher unter Wasser geriet und das Deck überschwemmte.

Ob noch mehr hätte getan werden können, um die Sicherheit zu erhöhen, ist eine vielfach gestellte Frage. Doch fällt dies wieder in das Ressort der theoretischen Erwägungen. Auf dem Papier entsprach die *Titanic* völlig den Vorschriften für Schiffe der Handelsmarine und übertraf diese in man-

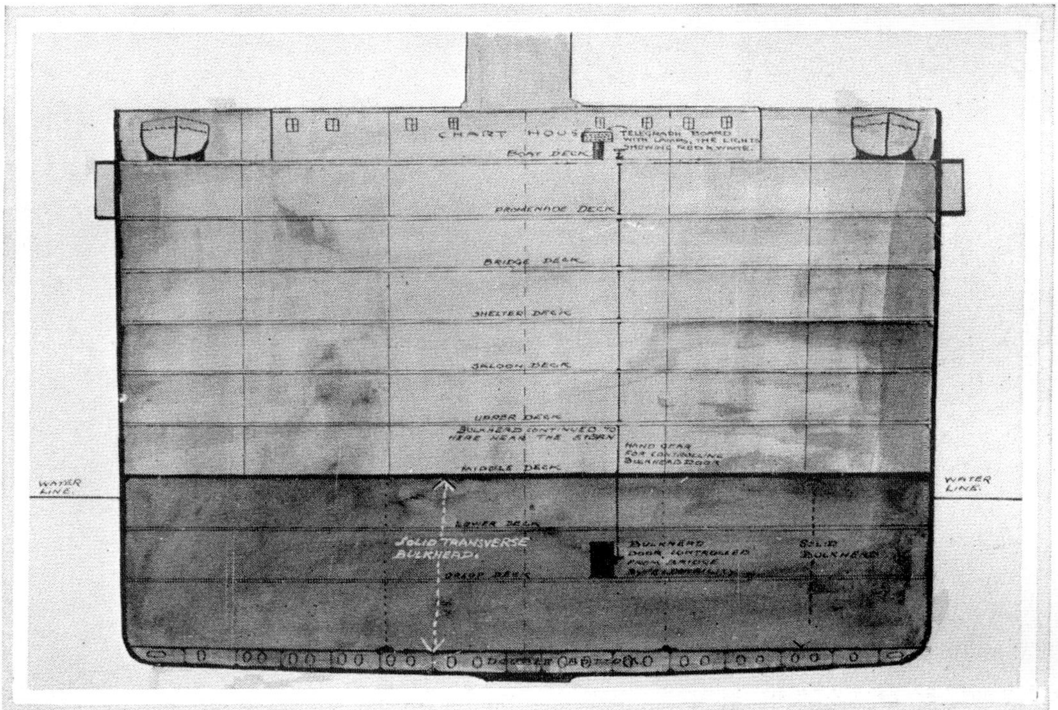

Der Querschnitt verdeutlicht die Höhe der *Titanic* mit ihren zahlreichen Decks.

cher Hinsicht. Der Reederei war also keinerlei Vorwurf zu machen, allenfalls der Kontrollbehörde.

Es gibt eine weitere prominente Theorie, die sich in der Praxis als unrealistisch erwiesen hat, jedenfalls nach menschlichem Ermessen. Eine Berliner Zeitung lieferte folgenden Bericht vom Ablauf des Geschehens – am 17. April, zwei Tage nach dem Unglück:

»Der Dampfer wurde vom ersten Anprall fast entzweigespalten, die Verdecke wurden aufgerissen und zerfetzt, ebenso die Seiten. Die wasserdichten Schotten wurden zertrümmert. Vom Bug bis fast zur Mitte des Schiffes wurden die oberen Verdecke und einige Boote zersplittert. Das Schiff traf die Eismasse senkrecht vorwärts ...« – und so weiter und so fort. Der Redakteur hatte sich offenkundig an Morgan Robertsons Roman *Titan. Eine Liebesgeschichte auf hoher See* orientiert und den fehlenden Rest fantasievoll und bar jeder technischen Kenntnis aufgefüllt. Wahr ist an diesem Bericht so gut wie nichts.

Und doch, der Gedanke, die *Titanic* hätte den Eisberg mit dem Bug rammen sollen, tauchte schnell auf. Denn vielfältige Überlegungen, von reinen

Gedankenexperimenten bis hin zu Computersimulationen, legen den Schluss nahe, dass die Katastrophe in diesem Fall glimpflicher verlaufen wäre. Ein direkter Zusammenstoß hätte vermutlich nicht so viele Abteilungen beschädigt wie das Entlangschrammen; die *Titanic* wäre wesentlich länger schwimmfähig geblieben.

Hat der Erste Offizier Murdoch, der die Brückenwache hatte, also einen fatalen Fehler gemacht, als er befahl, dem Eisberg auszuweichen? Dies ist ein Einwand, über den man durchaus nachdenken kann, doch in Wahrheit ist er rein theoretisch. Wer würde es auf sich nehmen, in Sekundenschnelle frontal auf ein plötzlich riesig vor einem aufgetauchtes Gebilde zuzuhalten? Natürlich könnte man weiterhin einwenden, dass Murdoch als erfahrener Seeoffizier darauf trainiert sein musste, in kürzester Zeit komplexe Entscheidungen abzuwägen, da ihm das Schicksal von über 2000 Menschen anvertraut war. Doch nichts spricht dafür, dass er dabei versagt hätte: Ein frontaler Rammstoß hätte die Zerstörung zahlreicher Kabinen am Bug zur Folge gehabt und damit den unvermeidbaren Tod der Menschen, die sich dort befanden. Schätzungen nach hätten bis zu 200 Menschen, überwiegend Besatzungsmitglieder, dabei sofort den Tod gefunden. 200 gegenüber 1500 – ein Gewinn von 1300 Menschenleben, eine zynische Rechnung, die Murdoch in diesem Augenblick sicher nicht in den Sinn kam. Schließlich wird er gehofft haben, das Schiff mit dem Ausweichmanöver vor jedem Schaden zu bewahren.

Auch zu den Schotten gibt es so eine ähnlich geartete Theorie, die besagt, der Konstrukteur Andrews, der mit dem Schiff am besten vertraut war, hätte vorschlagen müssen, die geschlossenen Schotten wieder zu öffnen. Dann hätte sich das einbrechende Wasser gleichmäßig im Rumpf verteilt, das Schiff wäre auf ebenem Kiel gesunken. Damit hätte man wiederum etwas Zeit gewinnen können, um auf Hilfe zu warten. Auch das ist möglich. Aber es entspricht nicht der menschlichen Psyche, eine Sicherheitsmaßnahme wie die Schotten aufzugeben, um dadurch bewusst größere Teile des Schiffs unter Wasser zu setzen. Ob der Gedankengang nun richtig oder falsch ist – in dem Moment erscheint er sicher als so abwegig, dass keinem der Verantwortlichen an Bord daraus ein Vorwurf zu machen ist. Ob die *Titanic* mit zertrümmertem Vorschiff oder offenen Schotten bis vier Uhr morgens durchgehalten hätte, als endlich die *Carpathia* eintraf, wird auch für immer unbeantwortet bleiben.

5 Sparmaßnahmen – die Rettungsboote entsprachen nicht den Vorschriften

Die *Titanic* wurde, wie alle anderen Schiffe, die zum Handels- und Personenverkehr auf dem Meer zugelassen wurden, von offiziellen Stellen überprüft. Dazu kamen Inspektoren an Bord, die die Einhaltung der Vorschriften kontrollierten, Besatzungsmitglieder befragten und deren Gesundheit untersuchten, neuralgische Punkte in Augenschein nahmen und Übungen durchführen ließen. Eine erste technische Qualitätskontrolle wurde bereits in Belfast durchgeführt, ohne größere Beanstandungen. Als noch schärfer galten allerdings die Vertreter des Handelsministeriums in Southampton unter der Führung des Inspektors Maurice Clarke.

Clarke stattete der *Titanic* in ihrem Abfahrtshafen mehrere Besuche ab, begleitet von einem ganzen Trupp an Helfern. Er arbeitete mit seinen Leuten eine lange Liste an Vorschriften ab. Alles war, wie es sein sollte – bis auf einen kleinen Zwischenfall. Clarke ordnete eine Übung mit den Rettungsbooten an – Herablassen, Aussetzen, Einholen –, doch nur an zweien der Davits und mit geringer Beteiligung der Mannschaft; die Heizer beispielsweise weigerten sich, daran teilzunehmen. Clarke vermerkte dies zwar, nahm es aber als eine Art typische Marotte dieser Zunft hin. Die *Titanic* bekam gewissermaßen ihr Gütesiegel und durfte in See stechen. Die Inspektoren verließen den Dampfer am Morgen des Auslaufens aus Southampton.

Ganz unten rechts steht auf dem offiziellen Fragebogen die entscheidende abschließende Frage: »Ist das Schiff ausgestattet mit all den lebensrettenden Vorrichtungen, welche die Regeln vorsehen?« Die handschriftlich eingetragene Antwort: »Ja.« Der zuständige Vertreter des Handelsministeriums hatte das Dokument akribisch ausgefüllt: Anzahl der Schwimmwesten 3560; Anzahl der Rettungsringe 48. Und das Entscheidende, die Anzahl der Boote und ihrer Plätze: 14 Boote für insgesamt 910 Personen, zwei Boote für insgesamt 80 Personen, vier Boote für insgesamt 188 Personen. In Ordnung, Haken darunter, gute Reise.

Die Rettungsboote in New York nach der Katastrophe; der Name *Titanic* war entfernt worden.

Das Bootsdeck mit den Rettungsbooten in den Davits; rechts: Deckstühle für die Gäste

Summa summarum gab es also 1178 Plätze in den Rettungsbooten – für ein Schiff mit über 2200 Personen an Bord und einer Kapazität für etwa 3500. War das abschließende »Ja« ein krasser Fehler des Inspektors, eine Diskrepanz von über 2000 fehlenden Plätzen, die niemandem auffiel? Natürlich nicht. Wenn etwas auffiel, dann allenfalls, dass die White Star Line unaufgefordert die Vorschriften übererfüllt hatte. Der ausschlaggebende Teil des Satzes ist: »die Regeln vorsehen«. Und die Regeln sahen für ein Schiff von der Größe der *Titanic* ganze 960 Rettungsbootplätze vor. Gemäß den Vorgaben des Handelsministeriums hatte die *Titanic* also nicht zu wenig Platz in den Rettungsbooten, sondern sogar etwas mehr als notwendig.

Der Zynismus liegt also beim Ministerium, nicht bei den Inspektoren und auch nicht unbedingt bei der White Star Line. Freisprechen möchte man die Reederei jedoch auch nicht, denn die ursprünglichen Pläne für den Bau hatten ausreichend Kapazität an Booten vorgesehen, die aber Zug um Zug zusammengestrichen wurde, bis eben nur noch 20 übrig blieben. Doch wie kam das Handelsministerium zu seiner absurden Vorschrift, die für fast 2500 Menschen keinen Platz im Rettungsboot vorsah?

Der Grund ist einfach: Man war dort nicht flexibel genug. Die Vorschriften Rettungsboote betreffend waren schlicht veraltet. Sie stammten von 1894. Damals dachte niemand an Dampfer von der Größe der *Titanic* – die oberste Kategorie waren 10 000-Tonner, für größere Schiffe galten die gleichen Vorschriften. Die *Titanic* hatte über 45 000 Tonnen. Das Ministerium änderte seine Vorschriften erst nach der Katastrophe: Nun musste die Anzahl der Rettungsbootplätze der Anzahl der Menschen an Bord entsprechen.

6 Nichts in Sicht – ein Fernglas im Ausguck hätte die Katastrophe verhindert

Es ist vielleicht das berühmteste Gespräch an Bord der *Titanic*, obwohl es nur aus einem kurzen Wortwechsel bestand: 14. April, Sonntag, etwa 23.40 Uhr, das Brückentelefon klingelt; der Sechste Offizier Moody nimmt ab: »Hier Ausguck Fleet, können Sie mich verstehen?« – »Ja. Was sehen Sie?« – »Eisberg direkt voraus.« – »Verstanden. Danke.« Aufgelegt. Knapp, schnell und präzise, keine Abschweifungen, dafür ist auch keine Zeit.

Die geborgene Schiffsglocke der *Titanic*

Moody gibt die Meldung an Murdoch, den Ersten Offizier, weiter, der reagiert sofort – aber dennoch zu spät. Bis zur Kollision bleiben nur noch gut 45 Sekunden, das ist zu wenig, um auszuweichen. Doch warum hat das Krähennest den riesigen Eisberg erst jetzt bemerkt? Der Ausguck war mit Reginald Lee und Frederick Fleet doppelt besetzt, die Nacht ruhig und klar, das Meer unbewegt. Und doch schlug Fleet die Warnglocke erst in einem Moment an, als keine realistische Aussicht mehr bestand, dem Eis direkt vor dem Bug zu entkommen.

Schnell war man im Nachhinein mit einer Erklärung bei der Hand: Der Stolz der Reederei, das luxuriöseste Schiff seiner Zeit, ausgestattet mit allerlei Tand und Goldflitter, hielt für seine Ausgucke im Krähennest kein Fernglas bereit. Doch es kam noch besser – denn die *Titanic* hatte durchaus ein Fernglas im Krähennest, aber nur bis zum Auslaufen in Queenstown. Für die Fahrt über den Ozean war es abhanden gekommen. Der Zweite Offizier Blair hatte sein Fernglas zur Verfügung gestellt, doch hatte man ihn kurzfristig versetzt. Die Ausgucke hatten sich bei seinem Nachfolger, Lightoller, hierüber beschwert, aber der konnte offenbar kein neues auftreiben. Das Krähennest blieb fernglaslos.

Ein kapitaler Fehler. Aber hätte es ein Fernglas Fleet oder Lee ermöglicht, den Eisberg Meilen voraus zu sichten? Diese Frage ist wesentlich schwerer zu beantworten, als es scheint. Ein Eisberg ist kein weiß glänzender Koloss, der sich in der dunklen Nacht vom Horizont abhebt; oft sind diese Brocken schmutzig und deshalb dunkel. Geht ein leichter Wind, sind sie dagegen oft hörbar, da sich Wellen an ihnen brechen – doch es herrschte kein Wind in der fraglichen Nacht. Wenn Luft und Wassertemperaturen stark voneinander ab-

Die *Titanic*, Gemälde von H. J. Jansen aus dem Jahr 1913 (man beachte die vier rauchenden Schlote)

weichen, dann bildet sich um den Eisberg leichter Dunst. Dieser ist für einen geschulten Beobachter gut erkennbar. Doch auch hiervon konnte im Fall der *Titanic* keine Rede sein. Also doch Argumente für das Fernglas?

Die britische Untersuchungskommission befragte hierzu den Forscher und Expeditionsleiter Sir Ernest Shackleton. Dessen Urteil mag überraschen: Er hielt ein Fernglas im Krähennest für nicht sehr hilfreich. Der Ausguck müsse ein möglichst weites Blickfeld im Auge haben, keinen verengten Fokus, wie er durch die Gläser verursacht wurde, um gefährliche Objekte grob auszumachen. Anschließend könne das Fernglas benutzt werden, um das Gesehene genau zu identifizieren.

Diese Ansicht wird noch immer von den meisten Experten geteilt; kurios ist auch, dass die Überlebensquote der Ausgucke an Bord – es waren allerdings nur deren sechs – mit 100 Prozent die höchste von allen ist. Lee und Fleet mussten dabei immer mit dem – ausgesprochenen oder unausgesprochenen – Vorwurf leben, den Eisberg zu spät entdeckt zu haben. Auch deshalb wird Fleet so sehr auf dem Fehlen des Fernglases beharrt haben, auch hatte er, so wurde kolportiert, schon vorher mehrfach auf einen Eisberg aufmerksam gemacht, die White Star habe ihn – und Lee – aber anschließend finanziell ruhiggestellt. Murdoch und Moody waren tot, sie konnten nicht mehr widersprechen. Große Gedanken muss man sich darüber nicht machen: Denn hätten die beiden Fleets Warnungen ignoriert, wäre die *Titanic* vorher schon auf einen Eisberg gelaufen.

7 Aufgeschlitzt wie eine Dose – das Leck war 90 bis 100 Meter lang

Charles Pellegrino, US-amerikanischer Naturwissenschaftler und beteiligt an einigen der Tauchexpeditionen hinunter zum Wrack der *Titanic*, beschreibt noch 1990 in seinem Buch *Die letzte Fahrt der Titanic* eindrucksvoll das schicksalhafte Aufeinandertreffen von Eisberg und Schiffswand als »Eisbuckel, der das Schiff wie ein Dosenöffner aufschnitt«. Auch die Annahme, der Eisberg habe die Außenhaut der *Titanic* auf einer Länge von 90 bis 100 Metern beschädigt, ist verbreitet.

Dieser Annahme entsprechend erleidet die *Titanic* nach dem Zusammenstoß einen Riss von enormer Länge, und das Wasser strömt unaufhaltsam in die vorderen Abteile rechts am Vorschiff. Doch ein Schiff mit einer solchen Beschädigung würde vor dem Kentern kaum Zeit zur Rettung von Passagieren und Besatzung gelassen haben. Auch wenn die Offiziere geahnt haben mögen, dass die *Titanic* nicht, wie erhofft, nur am Eisberg vorbeigeschrammt war, kam doch das Todesurteil des Konstrukteurs Thomas Andrews, der sich mit auf der Jungfernreise befand, um vor Ort Verbesserungsvorschläge zu erarbeiten, für die Brückenmannschaft überraschend. Andrews erklärte nach einer raschen Inspektion, das Schiff würde sinken, und zwar innerhalb der nächsten zwei Stunden. Günstigstenfalls. Zum Zeitpunkt dieser Äußerung, kurz nach Mitternacht, war dies eine erstaunlich realistische Einschätzung.

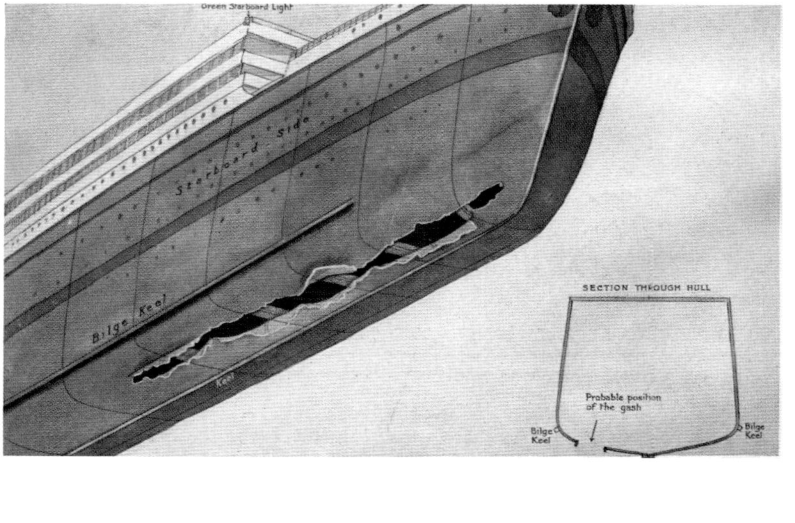

Ein zeitgenössisches Bild zeigt einen riesigen Riss, der sofort zum Untergang geführt hätte.

Thomas Andrews, der Konstrukteur der *Titanic*, der an Bord als Erster das Ausmaß der Katastrophe erkannte

Die *Titanic* hatte den Eisberg um 23.40 Uhr gerammt, um 2.20 Uhr war sie völlig unter der Wasseroberfläche verschwunden. Dieser Zeitraum erlaubt Rückschlüsse auf den Umfang der Beschädigung, da sich die einbrechende Wassermenge anhand der technischen Daten des Schiffs, aber auch der Aussagen der Augenzeugen abschätzen lässt. Eine solche Berechnung legte der Schiffsingenieur Edward Wilding der britischen Untersuchungskommission vor und kam zu einem Schluss, der noch immer erstaunt: Das durch den Eisberg verursachte Leck dürfte insgesamt nicht größer gewesen sein als zirka ein Quadratmeter. Dabei ist der Begriff Leck irreführend. Die Berührung mit dem Eis hatte in die Bordwand kleinere Löcher geschlagen, winzige Risse verursacht und kleinere Nähte beschädigt, die sich zu der genannten Fläche summierten. Diese Schäden verteilten sich aber auf die gesamten 90 Meter – hier kommt die berühmte Zahl wieder ins Spiel –, die der Eisberg während des Entlangschrammens touchiert hatte. Daher auch die fatale Wirkung der Berührung, denn die Verteilung der kleinen Löcher reichte, um gleich mehrere der vorderen Abteile konstant aufzufüllen.

Das Gutachten Wildings wurde später, als man das Wrack entdeckt hatte, bestätigt: Nirgends war ein langer Riss zu finden. Erste Aufnahmen zeigten, dass am Vorschiff zahlreiche der Stahlplatten eingedrückt oder anders deformiert waren – doch fanden sich diese Schäden nicht nur an Steuerbord, wo das Leck hätte sein müssen. Sie waren also durch den Aufprall des Schiffs auf dem Meeresboden entstanden. Wilding hatte nur seine Berechnungen als Grundlage, die er, wie erwähnt, vor allem anhand der Sinkgeschwindigkeit angestellt hatte. Nach ein Uhr nachts verstärkten sich die Wassereinbrüche, da durch das Absinken des Bugs die Ankerklüsen eintauchten. Die Sinkgeschwindigkeit beschleunigte sich rapide, wohl um das Doppelte. Schon eine halbe Stunde später erreichte das Wasser das Niveau des vorderen Decks; nun boten sich sich dem hereindrückenden Wasser noch mehr Öffnungen.

Die minimal erscheinende Beschädigung von etwa einem Quadratmeter und das Ausmaß ihrer Wirkung in so kurzer Zeit beweisen noch einmal, dass die Behauptung, der Eisberg habe einen 90 Meter langen Riss verursacht, ins Reich der Fabel gehört. In diesem Fall wäre das Schiff in kürzester Zeit gesunken und hätte sich nicht stundenlang über Wasser gehalten.

8 Unfall über Unfall – Edward J. Smith war ein Unglückskapitän

Edward J. Smith, 62, ein Seemann mit fast 40-jähriger Berufserfahrung, die meisten davon auf der Brücke und viele als Kapitän, war »das beste Pferd« im Stall der White Star Line, die ihm jeweils die Jungfernfahrten ihrer neuesten Schiffe anvertraute. Er war ein Bilderbuchkapitän, ein Patriarch mit weißem Bart und schmucker Uniform, angesehen bei den Mannschaften und den Passagieren, unter denen er Verehrer hatte, die ihn immer wieder gerne begleiten.

Edward J. Smith sei ein Seemann gewesen, der in knapp 40 Jahren mehrere Schiffe zu Schrott gefahren, in seiner Zeit als Kapitän und Verantwortlicher Schiffsführer Kollisionen und Unfälle en masse verursacht habe, ein eitler und überheblicher Mensch, der Besatzung und Passagiere für Rekorde und sein eigenes Ansehen aufs Spiel setzte, ein überforderter Kommandant, der mit der immer schneller voranschreitenden Schiffstechnik nicht mehr Schritt halten konnte, ein Kapitän, mit dem zu fahren sich viele weigerten, weil er seinen Schiffen Unglück brachte.

Zwei scheinbar unvereinbare Sichtweisen auf ein und dieselbe Person, tendenziell ist die erste eher britisch, die zweite eher amerikanisch. Das ist zwar stark vereinfacht, gibt aber den grundlegenden Tenor in beiden späteren Untersuchungskommissionen einigermaßen wieder. Das bedeutet jedoch keineswegs, dass sie auch das Bild der jeweils öffentlichen (oder der unveröffentlichten) Meinung widerspiegeln. Das erste Charakterbild ist leichter nachvollziehbar, weil es sich in gewisser Weise auf Äußerlichkeiten bezieht. In jedem Fall bedarf es weniger der Erklärung, ein Lob nimmt man gern hin, eine Anklage muss man begründen. Und tatsächlich mangelt es nicht an Indizien für den Vorwurf, Smith sei ein Unglückskapitän gewesen, für die einen im esoterischen Sinn, für die anderen ganz konkret als Zweifel an seinen seemännischen Fähigkeiten. Denn die Liste an Unfällen, die er zu verantworten hatte, ist lang, und manche hiervon sind spektakulär.

1880 war Edward J. Smith zur White Star Line gekommen, sieben Jahre später führte er für diese sein erstes Kommando. Sein Schiff, die *Republic*, setzte er Anfang 1889 vor New York ebenso auf Grund wie Ende 1890 sein neues Schiff, die *Coptic*. Im Sommer 1901 brach auf der *Majestic* unter dem Kommando Captain Smiths ein Feuer aus. Der Brand erreichte kein bedrohliches Ausmaß, doch Smith traf später der Vorwurf, er hätte diesen entweder ignoriert oder zumindest verharmlost.

Feuer schien Smiths größter Feind zu sein: 1906 erwischte es die *Baltic*, eines der Vorzeigeschiffe der White Star Line, im Hafen von Liverpool. Ein Laderaum brannte, der Brand wurde gelöscht, außer der Ladung ging nichts kaputt. Auf der *Adriatic* kam es 1907 zu Diebstählen durch Besatzungsmitglieder; diese wurden aber dingfest gemacht, ihre nicht unbeträchtliche Beute gesichert. Dann wurde es wohl Zeit für Captain Smith, wieder einmal ein Schiff auf Grund zu setzen, so geschehen im November 1909 mit der *Adriatic*. Und einen Heizerstreik auf diesem Schiff gab es auch noch, als es im Sommer 1910 in Southampton lag.

Das Muster eines Hochseekapitäns? Edward J. Smith

Es ist also eine hübsche Liste, die eifrige Ankläger gesammelt haben. Man kann sich die Mühe machen, die einzelnen Vorfälle genauer zu untersuchen, aber in einigen Fällen reicht es völlig, einfach nur den Verstand einzusetzen. Wenn ein Schiff auf Grund läuft, darf man das dem Kapitän ruhig anlasten – wenn er tatsächlich auf der Brücke war und nicht einer seiner Offiziere. Sollte er jedoch gewusst haben, dass es in schwierige Gewässer geht, und dies nicht überwacht haben, ist es eindeutig sein Fehler.

Für technische Mängel wie Kesselexplosionen (*Republic*) oder die diversen Feuer wird man ihn schlecht persönlich verantwortlich machen können, es sei denn, er habe Letztere tatsächlich mit einer gewissen Unbekümmertheit behandelt. Das ist schwer nachprüfbar, und die Vorfälle hatten zumindest keine gravierenden Folgen. Wie man ihm den Heizerstreik oder die langen Finger seiner Besatzungsmitglieder vorwerfen möchte, bleibt eher rätselhaft. Hier entwickelt sich der Ruf eines Unglückskapitäns wieder in die esoterische Richtung nach dem Motto: »Irgend etwas ist immer, wenn Smith das Kommando führt.«

Innenansicht der Brücke der *Olympic* mit dem Steuerruder

Als Smith 1912 seinen Dienst auf der *Titanic* antrat, war er seit 25 Jahren Kapitän verschiedenster Schiffe, die Menge der Vorfälle schrumpft damit auf ein sehr relatives Maß zusammen. Er fuhr jahrelang unfallfrei und war nicht umsonst gerade deshalb der Vorzeigekapitän seiner Reederei. Sein Unglückskonto wies jedenfalls nicht mehr Posten auf als das anderer Kapitäne dieser Zeit, in der Ereignisse wie die genannten keineswegs selten waren. Die Bezahlung unsicherer Kapitäne mit miesem Ruf fiel dementsprechend schlecht aus, Smith aber war einer der höchstdotierten seiner Zeit.

Als Smith jedoch das Kommando der *Titanic* übernimmt, scheint er das Unglück wieder magisch anzuziehen. Bereits im vertrauten Hafen von Southampton kommt es unter den Augen des entsetzten Publikums an Land und auf den Decks, die ein noch mulmigeres Gefühl beschlichen haben mag, fast zu einer Kollision mit der in den Sog geratenen *New York*. Dank der Erfahrungen mit der *Hawke* auf der *Olympic* und dem beherzten Eingreifen des kleinen Schleppers *Vulcan* kann der Zusammenstoß im letzten Moment verhindert werden.

Doch was sagen diese Ereignisse über Captain Smith aus? Southampton war ein schwieriges Gewässer, deshalb gab es einen altgedienten Lotsen, der das Kommando führte. Der daneben stehende Smith war nur Beobachter, solange der Lotse sich an Bord befand. Nominell trifft ihn also keine Schuld an dem Unfall mit der *Olympic* und an der gerade noch vermiedenen Kollision mit der *Titanic*. Allerdings ist es keine schöne Vorstellung, einen Kapitän auf der Brücke stehen zu haben, der nicht eingreift, wenn der Lotse neben ihm dabei ist, ein Schiff zu rammen.

Deshalb haben die Vorfälle auf der *Olympic* und ihrem Schwesterschiff eine etwas andere Qualität als die der oben aufgeführten Liste. Auch dem wohlmeinendsten Chronisten fällt es schwer, sich des Eindrucks zu erwehren, Captain Smith sei mit der schieren Größe dieser neuen Schiffe einfach überfordert gewesen. Das war vielleicht eine Frage des Alters, wahrscheinlicher aber auch nur eine der Übung – und in gewisser Weise der Technik, denn der Hafen von Southampton war für die immer größer werdenden Kolosse nicht ausgelegt. Wie immer man sonst über ihn urteilen möchte, vom Vorwurf, er sei dem technischen Fortschritt nicht mehr gänzlich hinterhergekommen, fällt es am schwersten, ihn freizusprechen.

Erik Fosnes Hansen schildert die Fast-Kollision der *Titanic* in seinem Roman *Choral am Ende der Reise* und lässt sie mit einer Erkenntnis enden, die für uns als Wissende des weiteren Schicksals der *Titanic* geradezu naiv klingt, aber im Grunde nur eine bittere Ironie verkündet: »Dank der Geistesgegenwart an Bord des Schleppers war ein Unglück vermieden worden, das die ganze Überfahrt verhindert hätte und im schlimmsten Fall Menschenleben hätte kosten können. Stattdessen hatte man jetzt eine einstündige Verspätung.«

Southampton

Der britische Ausreisehafen für die *Titanic* auf der Route über den Atlantik nach New York war der einzige, in den sie trotz ihrer Größe tatsächlich noch einlaufen konnte – und dies nicht ohne Probleme, wie die Kollision bzw. die Fast-Zusammenstöße gezeigt haben. Die Fahrgäste reisten überwiegend mit Sonderzügen aus London an und gingen auf einem exklusiven Steg der White Star Line an Bord.

9 Für das heimische Publikum – auf der *Titanic* dienten deutsche Offiziere

»In letzter Minute schiffte ich mich auf der neu erbauten *Titanic* ein, um einen Elektriker zu vertreten, der kurz vor der Abfahrt erkrankte«, so beginnen die *Erlebnisse eines Geretteten*, die 1927 als kleines Büchlein erschienen. Berichte von Überlebenden waren nichts Seltenes mehr, sensationell war jedoch, dass es sich um einen Deutschen handelte: H. Hesse aus Frankfurt am Main. Hesse berichtet geradezu Unglaubliches: »Als ich mit dieser ganzen Schar zurückkomme, bin ich gezwungen, über den Leichnam eines vornehm gekleideten Herrn hinwegzuschreiten, der in der Nähe der Stelle liegt, wo die eine der größten Schaluppen eben abgelassen wurde. Der Offizier hat ihn vermutlich niedergeschossen, da er wohl mit Gewalt in das Boot eindringen wollte.«

Doch der saloppe Seemannston kann selbst einen wenig kritischen Leser kaum über einige Merkwürdigkeiten des Berichts hinwegtäuschen. Bei Hesse wird Commander Lightoller zum Dritten Leutnant Lightholler, verliert also noch einen weiteren Rang, bekommt aber zum Ausgleich ein »h« im Namen geschenkt. Ähnliches widerfährt dem Fünften Offizier Lowe. Der darf zwar seinen Rang behalten, bekommt aber einen komplett neuen Namen: Löwe. Offenkundig haben jedoch solche Absurditäten – und es sind bei weitem nicht die einzigen – viele Leser nicht beeindruckt. Hesses vermeintlich authentischem Bericht wurde Glauben geschenkt, das Buch auch in den 1980er-Jahren noch aufgelegt. Wer sich hinter dem nicht sehr kreativ gewählten Pseudonym H. Hesse, das auf den berühmten Schriftsteller anspielte, verbarg, bleibt ungeklärt. Der Autor, vielleicht selbst Journalist, hatte wohl die Zeitungsberichte über den Untergang des Schiffs studiert und die vorhandenen Lücken fantasievoll gefüllt.

Doch »Hesse« war nicht der Einzige, der in Deutschland aus dem Unglück der *Titanic* Profit zu schlagen hoffte. Zur gleichen Zeit wie der unechte Bordelektriker reiste Max Dittmar-Pittmann durch die Weimarer Republik; dieser Seemann aus Erfurt gab sich als waschechter Offizier auf dem britischen Dampfer aus. Naturgemäß verhielt er sich ähnlich heldenhaft auf der Brücke wie der andere Deutsche unten im Bauch des Schiffs: Dittmar-Pittmann habe versucht, die Katastrophe zu verhindern, doch seine War-

Offiziersliste
Auf der Brücke der *Titanic* dienten acht Offiziere:
E. J. Smith, Kapitän
H. T. Wilde, Leitender Offizier
W. M. Murdoch, Erster Offizier
C. H. Lightoller, Zweiter Offizier
H. J. Pitman, Dritter Offizier
J. G. Boxhall, Vierter Offizier
H. G. Lowe, Fünfter Offizier
J. P. Moody, Sechster Offizier

Ausschnitt aus der deutschen Verfilmung von 1943, die von Goebbels jedoch nicht freigegeben wurde

nungen seien bei den englischen Offizieren auf taube Ohren gestoßen. Dafür lauschte ihm nun das deutsche Publikum umso geneigter. Josef Pelz von Felinau machte Dittmar-Pittmann zum Helden seines Romans *Titanic. Die Tragödie eines Ozeanriesen*, der 1938 erschien und neben Robert Prechtls kurz zuvor erschienenem Werk *Titanensturz* bereits das zweite Machwerk deutscher Herkunft war, in dem die angelsächsische Habgier das Schiff mit Höchstfahrt in die Katastrophe fahren lässt. Übrigens wimmelt es auch in Prechtls Roman von deutschen beziehungsweise nordischen Besatzungsmitgliedern – im Gegensatz zu Felinau hatte er aber das Glück, nur rein fiktive germanische Charaktere zu Papier gebracht zu haben. Denn während Dittmar-Pittmann in der ersten Auflage noch unter seinem Namen agiert und in einem Vorwort die Wahrheit des Geschriebenen beteuert hatte, verschwand dieses Bekenntnis kurzerhand, nachdem doch erhebliche Zweifel an seiner Geschichte aufgekommen waren. Nun wurde er im Buch zum Dänen Petersen, und dabei blieb es auch in der Verfilmung des Romans durch die von Joseph Goebbels kontrollierte Ufa. Was aus dem hochstaplerischen Offizier wurde, ist nicht überliefert.

10 Kein Platz mehr im Rettungsboot – es gab zu viele Passagiere an Bord

Die sicherste Zahl in Bezug auf Personen an Bord sind die Plätze in den Rettungsbooten. Diese stehen in den technischen Vorschriften und sind leicht durch Addition zu ermitteln: 1178. Wer aber wissen möchte, wie viele Menschen sich während der Jungfernfahrt tatsächlich auf dem Schiff befanden, der wird sich schnell in verwirrenden Angaben verlieren.

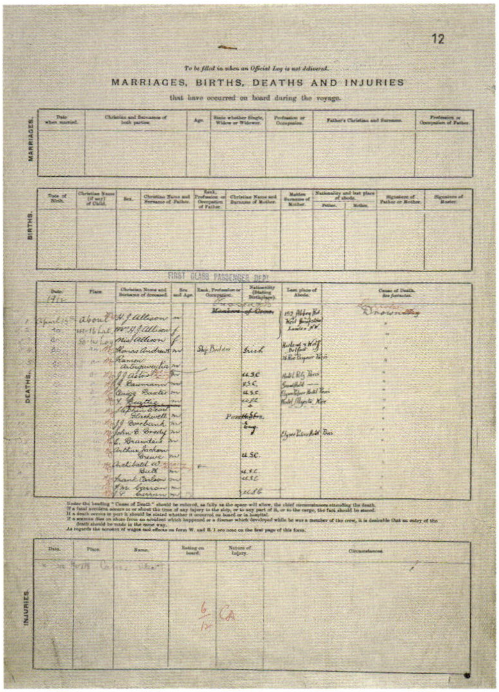
12

To be filled in when an Official Log is not delivered.

MARRIAGES, BIRTHS, DEATHS AND INJURIES

that have occurred on board during the voyage.

MARRIAGES.

BIRTHS.

FIRST CLASS PASSENGER DEPT

DEATHS.

INJURIES.

Offizielle Verlustliste von Passagieren der Ersten Klasse

Tendenziell ist die Angabe knapp über 2200 realistisch, doch tatsächlich fehlt uns die exakte Zahl der Personen an Bord.

Die *Titanic* bot etwa 3500 Personen Platz. Da die Mannschaft vollständig war, mangelte es dem Schiff offenkundig an Passagieren. Hierfür gab es auch einen handfesten Grund. Schließlich ist diese Belegungslücke von annähernd 1000 Passagieren höchst erstaunlich angesichts der ungeheuren Publicity, die um die Jungfernfahrt des luxuriösesten Schiffs seiner Zeit gemacht worden war. Dummerweise sorgten jedoch streikende Kohlearbeiter in den englischen Häfen für allgemeine Verunsicherung. Viele Schiffe mussten das Auslaufen verschieben, weil es ihnen nicht gelang, ihre Kohlebunker zu füllen. Wer also einen verlässlichen Termin für seine Abreise haben wollte, geduldete sich lieber. Denn sogar für die *Titanic* war anfangs zu wenig Kohle vorhanden. Erst dank der Reserven der aus den unbestreikten USA zurückgekehrten *Olympic* und anderer Schiffe der White Star Line konnten die Bunker gefüllt werden. Die Werbemaschinerie der Reederei lief noch einmal auf Hochtouren, um kurzfristig weitere Passagiere an- und abzuwerben.

Wer die Anzahl der Gäste und der Crew an Bord einigermaßen akkurat nachvollziehen möchte, darf auch nicht vergessen, dass es Leute gab, die nur kleine Passagen gebucht hatten. Es war möglich, von Southampton nach Cherbourg oder Queenstown zu fahren oder eben nur von Cherbourg nach Queenstown und dort wieder auszusteigen – ein paar Stunden Luxus pur für den kleineren Geldbeutel.

An dieser Stelle wird gern die Geschichte des entlaufenen Heizers John Coffey berichtet, dem es gelang, sich in Queenstown auf einen der Tender zu schmuggeln, die dort wie in Cherbourg den Transport hin und zurück übernahmen, da die *Titanic* zu groß war für den eigentlichen Hafen. Coffey soll sich zwischen Postsäcken versteckt und somit wieder festes Land erreicht haben. Warum er das getan habe sollte, bleibt Spekulation: eine Reise ins heimische Queenstown oder gar eine Vorahnung der Katastrophe? An einem plötzlichen Überdruss gegenüber seiner Arbeit kann es nicht gelegen haben, denn Coffey heuerte schon bald wieder auf einem Schiff an. Immerhin bleibt die Anzahl der Crewmitglieder in mehreren Aufzeichnungen recht konstant bei 892. In Stein gemeißelt ist das aber nicht, es geistern auch andere Zahlen durch die vielen Bücher, aber auch durch die zeitgenössischen Dokumente. Die Diskrepanzen sind immerhin nicht so hoch wie bei den Fahrgastzahlen, doch auch hier sind die Schwankungen letztlich nicht über die Maßen außergewöhnlich. Vor allem sind sie nicht, wie man denken könnte, nur durch die Zeitumstände bedingt. Auch bei späteren Schiffskatastrophen – oder Flugzeugabstürzen – kommt es oft zu widersprüchlichen Passagierzahlen, und das trotz verbesserter Datenverarbeitung. Es bleibt jedenfalls die erstaunliche Konsequenz, dass über 1000 mögliche Passagiere, die mit einer Überfahrt auf dem stolzen Dampfer geliebäugelt haben mögen, ihr Überleben einem Streik der englischen Kohlearbeiter in den Häfen zu verdanken haben.

Passagiere, die im Hafen von Queentstown von Bord der *Titanic* gehen, verlassen den Ausschiffungsdampfer *America*, der sie zum Kai transportiert hat.

Cherbourg

Das französische Cherbourg erreichte die *Titanic* gegen 18.30 Uhr am 10. April 1912. Der Hafen war zu klein, weshalb der Dampfer außerhalb vor Anker ging. Die Passagiere, die wie in Southampton überwiegend per Sonderzug angekommen waren, wurden von reedereieigenen Tendern an Bord gefahren beziehungsweise an Land gebracht. Nach gut eineinhalb Stunden verließ die *Titanic* Cherbourg Richtung Irland.

11 Düstere Propheten – hellseherische Passagiere kommen nicht an Bord

55 Rücktritte – diese Zahl schwirrt oft durch die Bücher. 55 Menschen, die aus irgendeinem Grund beschlossen haben, doch nicht mit der *Titanic* zu fahren, obwohl sie bereits eine Passage gebucht hatten. Hatten diese Menschen etwa böse Vorahnungen, unbewusste Ängste, auf das spätere Unglücksschiff zu steigen?

Unabhängig von den Menschen, die tatsächlich schon die Überfahrt gebucht hatten, soll es zahlreiche Personen gegeben haben, die von vornherein trotz ihres Wunschs, nach Amerika zu reisen, explizit nicht mit der neuen *Titanic* fahren wollten. Nicht dass ihnen die *Titanic* zu teuer gewesen wäre, sie war ganz einfach zu neu. Denn nach einem alten Aberglauben soll man Jungfernfahrten meiden. Dahinter verbirgt sich die wiederum gar nicht so esoterische Vermutung, dass man sicherer reist, wenn Schiff und Besatzung eingefahren und erprobt sind. Lawrence Beesley berichtet, der Angestellte der White Star Line, bei dem er seine Fahrkarten kaufte, habe ihm bestätigt, dass viele Kunden es vermieden, mit auf eine Jungfernfahrt zu gehen.
Andere zögerliche Passagiere hatten Bedenken, weil sie sich an die Vorfälle auf der *Olympic* erinnerten, den Zusammenstoß mit der *Hawke* und den

Die Docks in Southampton in den 1930er-Jahren.

Verlust des Schiffsschraubenblatts. Diese Skrupel waren einerseits realistischer Natur – etwa wegen der Größe des Schiffs oder des gleichen Kapitäns – oder resultierten aus Aberglauben, indem man etwa die Vorfälle auf der *Olympic* als böses Omen interpretierte. Diese widerstrebenden Fahrgäste tauchen natürlich in keiner Statistik auf, da sie natürlich überwiegend keine Fahrkarten gekauft hatten. Wer also die Hellseher unter den Passagieren ausfindig machen möchte, muss sich an Personen halten, die zwar ein Ticket erworben, aber dann die Reise nicht angetreten haben.

J. P. Morgan, der Eigentümer der *Titanic*, sagte seine Mitreise ab.

Der berühmteste unter diesen Verweigerern ist J. P. Morgan, der eigentliche Eigentümer des Schiffs, über die IMM Geldgeber der White Star Line. Morgan hatte eine edle Luxuskabine gebucht, wie es seiner Position und seinem Kontostand entsprach. Doch dann beschloss er, doch in Europa zu bleiben – aus gesundheitlichen Gründen, wie er seine Absage rechtfertigte.

Eine schöne Ergänzung – vor allem aus Sicht der Boulevardpresse – der Kombination von Größen des amerikanischen Geldadels wäre es gewesen, wenn neben den Guggenheims, Astors und Strausens auch noch der klingende Name Vanderbilt an Bord der *Titanic* eine tragisch-heroische Rolle hätte spielen dürfen. Das gilt aber allenfalls recht prosaisch nur für deren Gepäck und einen ihrer Diener. Die Vanderbilts selbst beschlossen spontan, die Reise auf dem Luxusliner bleiben zu lassen. Die Anekdote weiß, dass dies auf Veranlassung der Schwiegermutter von George Vanderbilt geschah, die offenkundig dem beschriebenen Aberglauben anhing, dass Jungfernfahrten gefährlich seien. So versanken zwar das Gepäck und der zur Aufsicht bestellte Diener mit dem Schiff, aber die Vanderbilts kamen davon.

Sieht man einmal von Mrs. Vanderbilts Mutter ab, die ihre Bedenken außerdem in sachliche Gründe kleidete, ist noch kein richtiger Hellseher gefunden worden. Das Ehepaar Bill aus Philadelphia stornierte seine Reise angeblich aufgrund eines schlechten Traums der Frau – doch vermutlich sagen jeden Tag Hunderte bis Tausende irgendwelche vorgenommenen Reisen aufgrund eines miesen Bauchgefühls ab, ohne dass auf der Fahrt tatsächlich irgendetwas vorfällt; »prophetisch« wird ein solcher Schritt nur, falls tatsächlich ein Unglück geschieht. Allerdings dürften solche Konstellationen statistisch kaum ins Gewicht fallen.

Queenstown
Im irischen Queenstown, heute Cobh, kam die *Titanic* am 11. April 1912 gegen elf Uhr morgens an. Auch hier konnte sie wie in Cherbourg nicht in den Hafen einfahren und wartete außerhalb auf ihre Passagiere, die mit Tendern herbei oder umgekehrt von Bord gebracht wurden. Um 13.30 Uhr startete der Luxusliner dann zu seiner eigentlichen Fahrt zum Zielhafen New York.

12 Kapitales Massensterben – zehn Millionäre ertrinken auf der *Titanic*

Passagiere und Post – das waren die Hauptgüter, die das Royal Mail Steamship *Titanic* über den atlantischen Ozean transportieren sollte; doch Briefe und Pakete sind einfach Briefe und Pakete, aber Passagiere sind nicht gleich Passagiere. Schiffe, die Amerika anliefen, wiesen für gewöhnlich eine große Menge an Kabinen oder in den meisten Fällen Schlafsäle für Passagiere der dritten Klasse auf. Für die Reedereien war das ein gutes Geschäft. Diese Gäste waren ziemlich anspruchslos, gaben ihr mühsam Erspartes für die Überfahrt aus und hatten nicht einmal (es sei denn, sie brachten ihren kompletten Hausrat mit) großes Gepäck. Sie verlangten nicht nach aufwendigem Service, der ihnen ohnehin nicht geboten worden wäre.

Auch die *Titanic* hatte bekanntlich ein sehr großes »Zwischendeck«, dessen Komfort den anderer Schiffe aber weit überstieg. Das war ein Geschäft, das man mitnahm. Aber das Prestige des Schiffs hing natürlich an dem Ruf, der eleganteste und luxuriöseste Dampfer seiner Zeit zu sein, ein Hotel der Spitzenklasse, das sich als zusätzliche Dreingabe auch noch recht flott auf dem Wasser bewegte und auf diese Weise das Praktische mit dem Angenehmen verband. Dazu bedurfte es einer Ausstattung, die nichts zu wünschen übrig ließ: Feinschmeckerrestaurants mit den dazugehörigen Gourmetköchen, eine ganze Anzahl von Kabinen in diversen Mode- und Architekturstilen, Hallenbäder, ein Fitnessstudio, Lese- und Rauchsäle. Die Reederei hatte sich wahrlich nicht lumpen lassen.

Wer für eine Fahrt von fünf bis sechs Tagen eine derart kostspielige Verwöhnatmosphäre bereitstellt, der möchte auch die entsprechende zahlungskräftige Kundschaft an Bord haben. Eine Reise – und noch dazu die allererste – auf der *Titanic* war ein gesellschaftliches Ereignis. Und so kam ein illustres und finanziell gut ausgestattetes Publikum an Bord. Alles Geld freilich konnte sie später nicht retten, auch wenn dies zumindest einem von ihnen, Sir Cosmo Duff Gordon, später vorgeworfen wurde. Es ist jedoch auch reichlich übertrieben, das Verhalten der Vermögenden als besonders edel und selbstlos hervorzuheben – siehe die folgenden Kapitel. Diese Sicht der Dinge ist zweifach verzerrt: Erstens besitzen wir kaum Berichte über einzelne Passagiere der dritten Klasse; und zweitens hatte von diesen ohnehin kaum einer Gelegenheit, seinen Edelmut so zur Schau zu stellen, da sie keinen schnellen Zugang zum Bootsdeck hatten. Damit sollen das tapfere Verhalten, die Hilfsbereitschaft einzelner Gutbetuchter beim Beladen der Rettungsboote und die Gelassenheit vieler angesichts der sicheren Aussicht auf einen baldigen Tod im eisigen Wasser nicht abschätzig beurteilt oder geleugnet werden. An dieser Stelle geht es nur um den Hinweis, dass es sich hierbei nicht um ein Klassenphänomen handelt – sondern dass uns die Berichte und damit die Möglichkeit, das gleiche Verhalten bei Reisenden der anderen Klassen zu beurteilen, schlicht fehlen.

Charles Hays, Geschäftsführer der Grand Trunk Railway, ging mit der *Titanic* unter.

Einige Prominente ihrer Zeit liefern freilich so viele Anekdoten, dass sie ihre eigenen Kapitel verdienen, so der reichste Mann an Bord, Colonel John Jacob Astor, Benjamin Guggenheim, der spätere Bestechungsverdächtige Sir Cosmo Duff Gordon und das Ehepaar Ida und Isidor Straus.

Hier eine kleine Übersicht weiterer Passagiere, die über das nötige Kleingeld verfügten, um sich eine der Kabinen der ersten Klasse zu leisten, für die man sich ohne weiteres auch eine schöne kleine Yacht hätte kaufen können.

George Widener (mit Gattin und Sohn) aus Philadelphia war bereits Erbe eines stattlichen Vermögens, verdiente sein Geld mit Eisen- und Straßenbahnen und besaß auch Anteile der IMM, also der Eigentümerin der White Star Line. Sein Schicksal während des Untergangs ähnelt dem vieler anderer: Es gelang ihm, seine Frau auf einem der Boote unterzubringen, er selbst und sein Sohn überlebten nicht.

Arthur Ryerson, ein Stahlmagnat aus Pennsylvania, hatte die Reise auf der *Titanic* weder aus geschäftlichen Gründen noch zum Vergnügen gebucht. Sie sollte sich vielmehr als doppelt schicksalhaft für seine Familie erweisen. Sein Sohn war in Amerika überraschend verstorben, und er brach die mit seiner Frau unternommene Europareise kurzerhand ab, um

Luxus pur: kolorierte Zeichnung der Aufzüge für die Erste Klasse an Bord der *Titanic*

schnellstmöglich zurückzukehren und die Angelegenheiten des Verstorbenen zu regeln. Das nächste Schiff nach den USA war die *Titanic*. Ryersons Frau überlebte, er nicht.

Charles M. Hays, ein Kanadier, war Besitzer von Eisenbahnlinien in seinem Heimatland, also ein Kollege von John B. Thayer, der sich ebenfalls an Bord befand und sein Geld auf (und mit) Gleisen in Pennsylvania verdiente. Hier wiederholt sich das bekannte Schema: Hays und Thayer starben, ihre Ehefrauen und deren Dienstmädchen konnten sich retten, im Falle Thayers auch dessen Sohn.

Zwei andere Personen waren zwar vermutlich nicht allzu arm, gehörten aber keinesfalls der bisher vorgestellten Millionärsriege an. An Berühmtheit und Popularität konnten sie es allerdings locker mit diesen aufnehmen. Major Archibald »Archie« Butt war Militärberater des amerikanischen Präsidenten. Er hatte erst unter Theodore Roosevelt und nun unter William Howard Taft (1909–1913) gewirkt. Seine Sporen hatte er sich in diversen amerikanischen Kolonialkriegen verdient und nun diesen etwas ruhigeren Posten in Washington übernommen. Europa hatte er zur Erholung besucht, um etwas für seine angeschlagene Gesundheit zu tun. Dem mächtigen Mann und heroischen Offizier wurden im Laufe der Rettungsaktion allerhand aktionistische Heldentaten angedichtet. So habe er mit der Waffe in der Hand die Rettungsboote gegen widerrechtliche Eindringlinge (sprich: unberechtigte Männer) verteidigt und Ähnliches. Dies entsprach wohl der Wunschvorstellung so mancher Klatschbase von einem ehemaligen Kriegsveteranen, ist aber reine Fantasie. Butt gehörte auch der berühmten Kartenrunde an, die in scheinbar nobler Gelassenheit beim Spiel ihrem Ende entgegensah.

Die Existenz der Tischrunde mag man kaum anzweifeln, doch fand sie wohl zu einem Zeitpunkt statt, als sich die Nachricht von der Kollision und ihren fatalen Folgen noch nicht bis zu ihr verbreitet hatte. Tatsächlich hatte man Butt später an Deck gesehen, aber keineswegs bei den Rettungsbooten. Sein Verhalten zeugte weder von stoischer Todesverachtung noch von spektakulären Aktionen mit der Waffe. Im Gegenteil, Archibald Butt reagierte vielleicht – und das macht die Berichte hierüber noch glaubhafter – am menschlichsten und damit trotz des traurigen Hintergrunds auch am sympathischsten: Er war einfach konsterniert oder gar resigniert und hatte sich zurückgezogen.

Sein Reisebegleiter für einige Stationen der Europareise war Francis Millet, ein amerikanischer Maler. Auch er gehörte zu der berühmten Kartenrunde: Als Freund und Reisegefährte Butts sind diese beiden die wohl am zuverlässigsten zu identifizierenden Spieler am Kartentisch. Zu dieser Runde gehörte nach den Angaben Archibald Gracies noch Clarence Moore, der im Ruf eines Abenteurers stand, was man sich auch immer darunter vorstellen mag, aber durchaus zu der leicht versnobten Geschichte passt. Gracie kannte den vierten Spieler nicht, und dementsprechend wechselte dieser in den Überlieferungen seine Identität gleich mehrfach, wie denn auch die ganze Runde mal länger, mal kürzer und zu verschiedensten Zeitpunkten spielte. Auch Moore und Millet überlebten den Untergang nicht.

Mancher Autor, der sich mit dem Schicksal der *Titanic* und der auf ihr befindlichen Personen befasste, machte sich die Mühe, die Millionäre zu zählen, ja gar vier Milliardäre – nach heutigen Maßstäben – zu entdecken. Die Ergebnisse differieren stark – kein Wunder, da es verschiedene Maßstäbe gab, die von den unterschiedlichen Währungen (vorwiegend Pfund und Dollar) abhingen. Und würde man die damalige Kaufkraft des Geldes mit der heutigen in Relation setzen, dürfte sich so mancher Nichtmillionär von 1912 zu dieser Riege zählen. Der tiefere Sinn solch eines Unterfangens mag einem jedenfalls entgehen, sofern man den Autoren keine zynische Bewertung von menschlichem Wert anhand des Kontostands unterstellen möchte.

13 Rekordjagd – der Reeder Ismay setzt den Captain unter Druck

An Bord der *Titanic* gab es einen ganz besonderen Gast, der nur zu gerne betonte, dass er kein ganz besonderer Gast sei. Joseph Bruce Ismay war der Sohn des Begründers der White Star Line und nunmehriger Besitzer der Reederei. Er hatte das Konzept mitentwickelt, die konkurrierende Cunard Line nicht durch höhere Geschwindigkeiten, sondern durch Größe und Luxus zu übertrumpfen.

Ismay war ein ehrgeiziger Mensch, aber er spürte auch den Druck der direkten britischen Konkurrenz, Cunards *Mauretania* und die *Lusitania* liefen ihm davon, die Idee des Luxushotels zu Wasser musste greifen. Wäre da nicht ein eigener neuer Rekord eine hübsche Schlagzeile mit zusätzlichem Werbeeffekt? Ismay wurde im Nachhinein stets verdächtigt, allerlei Hintergedanken gehegt zu haben.

Doch den Gerüchten um Ismays heimliche Rekordhoffnungen liegt der gleiche Gedanke zugrunde wie seinen späteren Verteidigungsbeteuerungen: Der Reeder war eben kein Passagier wie jeder andere. Diese Aussage wird niemanden überraschen, und Ismays Versuche, seine herausgehobene Stellung an Bord zu leugnen, haben seine Lage sicher nicht verbessert. Es ist also weniger die leicht zu beantwortende Frage, ob J. Bruce Ismay ein besonderer Passagier war oder nicht, sondern ob und inwieweit er seine Position ausgenutzt hat. Und hier schwanken die Deutungen von gar nicht (Ismay selbst) bis zur Quasi-Übernahme des Kommandos. Für letztere Sicht der Dinge gibt es drei Indizien, die in den Vorwürfen gegen Ismay stets angeführt werden.

Noch im irischen Hafen Queenstown soll Ismay den Ersten Maschinisten Joseph Bell aufgesucht haben, um mit ihm über technische Dinge zu reden. Das war aber kein Gespräch eines interessierten Laien mit dem Cheftechniker an Bord. Vielmehr unterhielt sich der Reeder mit dem Verantwortlichen für die Maschinen über mögliche Geschwindigkeiten und stellte – angeblich – eine Art Zeitfahrplan für die Reise auf. Dieses Gespräch, das Ismay selbst erwähnt hatte, musste auch bei dem Unvoreingenommensten den schwerwiegenden Verdacht auslösen, der Reeder habe hinter dem Rücken des Kapitäns gekungelt. Denn die Brücke hat von der Unterredung nichts mitbekommen, und dass sich der Maschinist seinem Arbeitgeber verweigerte, war möglich, ist aber nicht sehr wahrscheinlich. Fazit: Ismay hatte sich über die Autorität des

J. Bruce Ismay (Mitte) umgeben von prominenten Mitreisenden auf der *Titanic* unten rechts: Captain Rostron von der *Carpathia*

The Personal Side of the "Titanic" Disaster.

Bassano

Lady Duff-Gordon (Madame Lucile)

Who was rescued and has given a vivid account of her experiences

Mr. B. Guggenheim

One of the American millionaires lost on the *Titanic*. He was the fifth of the seven sons of Meyer Guggenheim and a member of the famous family of bankers, miners, and smelters. Mr. Guggenheim was born in 1865

Mr. J. Wesley Woodward

The 'cellist of the *Titanic's* band, which at first played merry tunes to keep up the passengers' courage and then finally played "Nearer, my God, to Thee" as the vessel sank with them. They played on until the inrush of water swept over them

Lafayette

Lady Rothes, Saved from the "Titanic"

She has been resting at the Ritz-Carlton Hotel in New York after landing from the *Carpathia*

Lady Duff-Gordon, who left in one of the last boats, said that panic had begun to seize some of the remaining passengers by the time her boat was lowered. "Everyone seemed to be rushing for that boat. A few men who crowded in were turned back at the point of Captain Smith's revolver, and several of them were felled before order was restored. I recall being pushed towards one of the boats and being helped in."

Captain Arthur Henry Rostron, R.N.R., commander of the *Carpathia*, is a son of the late James Rostron, Astley Bridge, Bolton, Lancs. He was educated at the Bolton High School and the Bolton Church Institute, and later went on board the *Conway*, naval training ship in the Mersey. He was taken into the service of the Cunard company and for a long time was chiefly employed in the Mediterranean. He is an officer in the Royal Naval Reserve and recently got his commission as commander in the R.N.R. He has decorations for long service and the King's medal for his safe conveyance of troops to South Africa during the South African War. Captain Rostron is comparatively young—forty-three years.

The Young Wireless Operator who Assisted Phillips, the Chief Operator, During the Crisis

Mr. Bride, like most of the operators on board ships, is quite young. He assisted Phillips very efficiently during the critical hours on the *Titanic*

Ellis & Walery

Mr. Bruce Ismay, Chairman of the International Mercantile Marine

Who was saved from the *Titanic*

The Countess of Rothes showed great courage during the hours in the boats. An A.B. of the *Titanic* says: "There was a woman in my boat as was a woman. She was the Countess of Rothes. I was one of those who was ordered to man the boats, and my place was in No. 8 boat. There were thirty-five of us in that boat, mostly women, but some men along with them. I was in command, but I had to row and I wanted someone at the tiller. When I saw the way she was carrying herself and heard the quiet, determined way she spoke to the others I knew she was more of a man than any we had on board, and I put her in command. I put her at the tiller, and she was at the tiller when the *Carpathia* came along five hours later." Several ladies proved themselves to be efficient oarswomen.

Mr. J. Wesley Woodward, 'cellist in the *Titanic* orchestra, was formerly in the Eastbourne municipal band and afterwards joined the Duke of Devonshire's Eastbourne orchestra. He was on board the *Olympic* when that steamer collided with H.M.S. *Hawke*. His portrait is given at the head of the page.

Lafayette

Managing Director of Messrs. Harland and Wolff, the Builders of the "Titanic," Not Rescued

Mr. Andrews was another of the high officials intimately concerned with the fortunes of the *Titanic*. He was on board, but is not among the survivors

On the Bridge at the Moment of Contact

Mr. Murdock was the officer in charge at the moment the *Titanic* encountered the ice floe. He was not rescued, and the manner of his death is at present uncertain

Notable Men on the "Titanic"

Captain Archibald Butt, military aide to President Taft
Mr. Charles M. Hays, president of the Grand Trunk Pacific Railroad, with his family
Mr. Benjamin Guggenheim of the mining brotherhood
Mr. George Widener, American millionaire of Philadelphia, and his son, Harry (see p. 84)
Mr. F. D. Millet, the noted artist (see p. 79)
Mr. and Mrs. Isidor Straus
Mr. J. Thayer, vice-president of the Pennsylvania Railroad
Mr. Henry B. Harris, American theatrical manager
Colonel Washington Rœbling, the American engineer
Mr. Jacques Futrelle, novelist and journalist

The Captain who Rescued the 705 Survivors

Captain Arthur Henry Rostron, R.N.R., is commander of the *Carpathia*. He immediately steamed towards the *Titanic* and eventually rescued the 705 passengers

Kapitäns gestellt und dessen Kompetenzen direkt beschnitten, indem er Vorgaben für die Fahrtgeschwindigkeit machte. Diese waren übrigens, sofern sie existierten, weniger anspruchsvoll als die von Smith veranschlagten, was nicht nach Rekordsucht klingt. Das Gespräch fand statt, das hat Ismay ja selbst zugegeben – nur der Inhalt wird immer unbekannt bleiben. Denn Joseph Bell hat den Untergang nicht überlebt, und Ismay war nicht so dumm, bei den folgenden Befragungen weitere Einzelheiten preiszugeben. Er bestand darauf, die Autorität des Kapitäns stets geachtet und keinerlei Einfluss auf die Schiffsführung genommen zu haben.

Ob beabsichtigt oder nicht, Ismay hat die Abläufe an Bord trotzdem beeinflusst – und durchaus mit dem Einverständnis des Kapitäns. Vorfall Nummer zwei ist bestätigt, aufschlussreich und vor allem folgenreicher. Am frühen Nachmittag des 14. April schickten die Kollegen vom White Star Liner *Baltic* ein Telegramm, das an die Brücke weitergegeben wurde. Es enthielt eine Eiswarnung, bereits die zweite an diesem Tag. Smith las die Nachricht – und reichte sie dann an Ismay weiter, der sich gerade bei ihm befand. Doch zeigte er sie dem Reeder nicht nur, er überließ sie ihm für mehrere Stunden. Ismay konnte es sich offenkundig nicht verkneifen, das Telegramm hier und dort herumzureichen. Es schmeichelte wohl seiner Eitelkeit, vom Kapitän in dieser Weise bevorzugt zu werden. Smith verlangte die Nachricht erst fünf Stunden später zurück und ließ sie anschließend im Navigationsraum. Natürlich ist dies der beste Beleg für eine Tatsache, die ohnehin kaum jemand bezweifelt hat, nämlich dass Ismay gewisse Privilegien genoss. Der Kapitän wird kaum wahllos Telegramme an irgendwelche Passagiere verteilt haben. Die Frage ist vielmehr, warum tat er das? War es einfach nur eine höfliche

White Star Line

Thomas Henry Ismay kaufte die bankrotte White Star Line mit Sitz in Liverpool (später London) 1867 auf. Nach seinem Tod 1899 übernahm sie sein Sohn J. Bruce Ismay, der die neue Ära der luxuriösen Riesendampfer einleitete, um die Konkurrenz von Cunard, die den Kampf um das Blaue Band für sich entschieden hatte, zu übertreffen. 1934 musste White Star jedoch mit der erfolgreicheren Cunard Line fusionieren. Einige Zeit fuhr man unter dem Doppelnamen Cunard-White Star, dann verschwand der weiße Stern endgültig aus dem Namen und von den Gewässern der Weltmeere.

Geste, ganz unabhängig vom Inhalt des Telegramms, um dem gerade anwesenden Ismay ein bisschen zu schmeicheln? Das wäre sehr fahrlässig gewesen. Oder wollte Smith Ismay tatsächlich auf die Eisgefahr aufmerksam machen, auf eventuelle Komplikationen hinweisen, eine Geschwindigkeitsverringerung erwirken? Doch wenn er so besorgt war, wäre es noch ein ganzes Stück fahrlässiger gewesen, die Eiswarnung aus der Hand zu geben, anstatt sie für die Brückenmannschaft sichtbar aufzuhängen. Und die Geschwindigkeit wurde nicht verringert. Dass Ismay die Gelegenheit nutzte, um sich dann mit seinem guten Draht zur Brücke vor den anderen Fahrgästen ein bisschen zu profilieren, muss ihn nicht sympathischer machen, ist aber ziemlich menschlich. Im Großen und Ganzen spricht diese Episode eher gegen Captain Smith und dessen laxen Umgang mit den Eiswarnungen als gegen Ismay.

Der dritte Vorwurf hängt ein Stück weit mit dem vorigen zusammen, da Ismay sich zum Zeitpunkt der Übergabe des Telegramms offensichtlich auf der Brücke befand. Auch das wäre nicht auffällig, dem Reeder und Besitzer des Schiffs wird ja niemand eine kleine Tour auf der Brücke seines Vorzeigedampfers verwehren. Ob Smith gerade so eine kleine Vorführung für Ismay organisiert hatte, ist nicht bekannt, doch war Ismay einer der ersten, der nach der Kollision dort auftauchte, um sich nach dem Geschehenen zu erkundigen. Er schien also auch hier recht freien Zugang zu haben.

Die Selbstdarstellung als »ganz normaler« Passagier ist jedenfalls nicht zu halten. Ismay war ein privilegierter Gast mit Zugang zu bestimmten Mannschaftsmitgliedern, zur Brücke und zu Zusatzinformationen wie dem Telegramm, Bevorzugungen, die er sichtlich auch in Anspruch nahm und genoss. All dies besagt aber nichts über seine Rolle an Bord. Leider wissen wir nichts über das persönliche Verhältnis zwischen Ismay und seinem besten Kapitän, Edward J. Smith. Wenn die beiden einen recht lockeren Umgang pflegten, würde dies immerhin die Geschichte mit dem Telegramm und den Aufenthalten plausibler machen; doch hierüber ist nichts bekannt.

Und ganz einerlei, ob Ismay sich als eine Art Ko-Kapitän aufspielte und Einfluss zu nehmen versuchte auf die Führung des Schiffes, es gab einen richtigen Kapitän, der nicht im Ruf der Unterwürfigkeit stand und genug eigene Autorität besaß, um sich solchen Einmischungen seitens des Besitzers zu widersetzen. Auf See liegt die Kommandogewalt allein beim Kapitän. Wenn man also Ismay vorwerfen könnte, er habe den Kapitän unter Druck gesetzt, müsste man Kapitän Smith den noch viel größeren Vorwurf machen, dass er sich habe unter Druck setzen lassen.

14 Stilsicheres Sterben – Ben Guggenheim legt seinen Smoking an

Von den Wohlhabenden an Bord der *Titanic* genießt heute noch ein Name besondere Popularität – sieht man vom Eigentümer J. P. Morgan ab, der aber rechtzeitig absagte – der auch in unseren Tagen mit viel Geld, aber andererseits auch mit noblem Mäzenatentum in Verbindung gebracht wird: Guggenheim. Die Stiftung dieses Namens genießt Weltruhm – ihre Kunstmuseen haben nicht nur aufgrund ihrer Architektur einen großen Ruf.

Benjamin Guggenheim war der Vater der berühmten Grand Dame Peggy Guggenheim und ein Passagier der ersten Klasse auf der *Titanic*. Das nötige Kleingeld für eine der Luxuskabinen aufzubringen, dürfte ihm nicht allzu schwer gefallen sein. Die Familie hatte nach ihrer Einwanderung in die Staaten ein ordentliches Vermögen im Bergbau und der Metallindustrie angehäuft. Guggenheim galt als »Hochofenkönig« – auf einem Stahlkoloss wie der *Titanic* mochte er sich also durchaus sicher und heimisch fühlen.

Der Millionär reiste standesgemäß mit einem Diener und – hier beginnt man den sicheren wie seriösen Boden zu verlassen – angeblich mit einer blonden Geliebten. Diese taucht allerdings in den Anekdoten zu Guggenheims stilvollem Abgang nie auf, was entweder ihre Nichtexistenz oder die Diskretion der Beteiligten beweist. Wie Guggenheim den Zusammenstoß wahrnahm – wenn überhaupt –, ist nicht überliefert, auch nicht, wer ihn darüber informiert hat. Die Geschichte seines stilvollen Sterbens setzt erst mit dem Eintreffen des Stewards Etches ein und gestaltet sich von da an wie eine Art experimenteller Roman.

Es beginnt damit, dass Etches in manchen Büchern den Vornamen Samuel, in anderen Henry trägt (Letzteres dürfte richtig sein). Der Steward betritt die Kabine Guggenheims und bittet ihn, seine Schwimmweste anzulegen. Guggenheim zeigt sich wenig begeistert. Eine Schwimmweste sei ja nicht sehr kleidsam. Etches hat alle Mühe, Guggenheim zu überzeugen, was ihm erst gelingt, als er die Weste so verändert, dass der exzentrische Fahrgast zufrieden ist.

Nun befindet sich Guggenheim auf Deck und beobachtet die Mannschaft beim Bemannen der Rettungsboote. Einen Anspruch auf einen eigenen Sitzplatz erhebt er nicht. Guggenheim habe sich sehr höflich und hilfreich gezeigt und beim Beladen der Boote tatkräftig mitgeholfen, sich dadurch

Respekt und Dankbarkeit der Mannschaft und Offiziere – der geretteten Passagiere natürlich sowieso – verdient. Bei welchen Booten er geholfen haben soll, ist nicht überliefert.

Nun taucht Steward Etches wieder auf – von ihm stammt ein Großteil der Geschichte(n). Benjamin Guggenheim verabschiedet sich auf verbindlichste Weise von dem treuen Steward. Er lässt Grüße an seine (Guggenheims) Frau ausrichten und betont, dass ein Guggenheim pflichtgemäß unterzugehen pflege, wenn dadurch Frauen und Kinder gerettet werden könnten. Etches ist gerührt – und erzählt all dies später den Guggenheims persönlich.

Mr. B. Guggenheim

One of the American millionaires lost on the *Titanic*. He was the fifth of the seven sons of Meyer Guggenheim and a member of the famous family of bankers, miners, and smelters. Mr. Guggenheim was born in 1865

Benjamin Guggenheim, der in feinstem Zwirn dem Tod ins Auge blickte, so will es die Legende

Tochter Peggy findet die Geschichte zwar sehr schön, aber zu schön, um wahr zu sein. Sie verdächtigt Etches der Übertreibung, um sich eine kleine Belohnung zu verdienen – was wiederum nicht sehr schön ist, entweder von Peggy Guggenheim oder von Samuel/Henry Etches.

Die berühmteste Episode ist wiederum nicht so ganz kompatibel mit dem Rest. Vielleicht war Guggenheim ganz froh, dass Etches mit einem der Rettungsboote entschwunden war. Jetzt konnte er die hässliche Schwimmweste wieder abstreifen, mit der sich der Steward so viel Mühe gegeben hatte. Mit seinem Kammerdiener ging er zurück in die Kabine. Hier endet die eine Variante mit einer finalen Flasche Champagner. Weitaus bekannter ist Guggenheims Rückkehr an Deck, wahlweise mit oder ohne Diener, aber ganz bestimmt in festlicher Abendgarderobe. Man werde untergehen, wie es sich für Gentlemen gezieme. Was ein Smoking damit zu tun hat, bleibt ungewiss, das fragliche Zitat bezieht sich wohl eher auf das Überlassen der Sitzplätze im Rettungsboot an Frauen und Kinder. Doch das ist Nebensache: Der Millionär Guggenheim, der sehenden Auges in tadellosem Aufzug in den Tod geht, hat sich in den Gedächtnissen eingeprägt und ist zu einem der wiederkehrenden Mythen in der *Titanic*-Sage geworden.

15 Ewige Treue – das unerschütterlich untrennbare Ehepaar Straus

Drehbuchautoren und Regisseure flechten als probates Lockmittel für ihr Publikum gern eine romantische Liebesgeschichte mit ein. James Cameron wusste, was er tat, als er Kate Winslet und Leonardo DiCaprio in seiner Verfilmung der *Titanic*-Katastrophe klassenübergreifend verkuppelte. Er musste diese herzergreifende Geschichte allerdings erfinden. Solche zarten Liebeshändel über die gesellschaftlichen und auf der *Titanic* auch durch Gitter manifesten Schranken hinweg an Bord sind nicht überliefert. Und die authentischen Ehepaare waren wohl nicht außergewöhnlich genug – bis auf eines. Aber das war für eine Schmonzette à la Hollywood einfach zu alt.

Ida und Isidor Straus gehörten zu den superreichen Passagieren der ersten Klasse. Hollywoodwürdig war jedenfalls ihr Aufstieg in der amerikanischen Gesellschaft, eine Bestätigung der Legenden vom amerikanischen Traum und der Verheißung an all die Tellerwäscher, irgendwann Millionär werden zu können. Die Strausens waren deutsche Juden aus der Pfalz, die ihr Glück in den Vereinigten Staaten gesucht und unter einigen Mühen auch gefunden hatten. Am Ende waren sie die Besitzer des weltberühmten Kaufhauses Macy's in New York und ihre Geldsorgen ein für alle Mal los. Zum Zeitpunkt ihrer *Titanic*-Reise konnten sie auf ein extrem erfolgreiches Leben zurück-

Zu Ehren der Strausens wird in New York 1915 ein monumentales Denkmal in Form eines Brunnens errichtet.

blicken und ihren Ruhestand genießen – was sie auch taten, indem sie gemeinsame Reisen unternahmen. Es folgt eine Episode, die kaum ein Autor, der über die *Titanic* schreibt, zu erzählen vergisst:

Das Ehepaar Straus steht bei den Rettungsbooten, bei ihnen die Bediensteten und Freunde, darunter Archibald Gracie, der größtenteils für die Überlieferung des Ganzen verantwortlich ist, und Hugh Woolner, ein weiterer begüterter Freund aus der ersten Klasse. Der zuständige Offizier forderte Mrs. Straus auf, mit ihrem Zimmermädchen das Boot zu besteigen, doch sie weigerte sich. Nur die weinende Bedienstete wurde ins Boot geschickt, beschenkt mit der wertvollen Stola ihrer Herrin. Ida Straus aber sagte »heroisch«, wie Gracie schreibt: »Nein! Ich werde mich nicht von meinem Mann trennen! Wir haben miteinander gelebt, wir werden miteinander sterben!« Die Bekannten bestürmen sie weiterhin, sich zu retten, doch sie bleibt standhaft. Daraufhin ändern sie ihre Taktik; sicher, es gibt die strikte Frauen-und-Kinder-zuerst-Regel, doch Isidor Straus ist nicht mehr der Jüngste – er war 67 –, und man ist sich sicher, der zuständige Offizier wird für einen alten Mann eine Ausnahme machen. Sie kannten Straus offenkundig schlecht. Nicht weniger heroisch als seine Frau erwidert er: »Nein. Ich möchte keine Bevorzugung erhalten, die anderen nicht gewährt wird.« Spricht's, nimmt seine Frau am Arm und geht zu den Liegestühlen auf dem Bootsdeck, um dort gelassen und sogar mit einer Art Heiterkeit dem Ende entgegenzusehen. Das Dienstmädchen hat überlebt.

Isidor Straus, ein aus Deutschland eingewanderter Jude, der den American Dream verkörperte

So weit die schöne Geschichte. Archibald Gracie, eine recht zuverlässige Quelle, hat sie beschrieben, das Dienstmädchen wird sie wohl bestätigt haben. Beide waren natürlich den Strausens persönlich verbunden, doch dies ändert nicht unbedingt etwas an ihrer Glaubwürdigkeit. Wie dem auch sei, seitdem steht die Geschichte für den stoischen Heroismus der ersten Klasse und die Treue eines Ehepaares. Und tatsächlich ist ihrer beider Verhalten durchaus ehrenwert – beide sind mit der *Titanic* untergegangen.

Nur überbewerten sollte man die Geschichte nicht. Zwar weigerten sie sich, das ihnen angebotene Rettungsboot zu besteigen, man sollte aber nicht davon ausgehen, dass sie von innerer Gelassenheit erfüllt dem Tod leise entgegenlächelten, sondern es deutet viel darauf hin, dass sie damit rechneten, dass sich später, wenn sich alle Frauen und Kinder in den Booten befänden und auch die Männer an die Reihe kämen, Gelegenheit ergäbe, sich ins rettende Boot zu flüchten.

16 J. J. Astor – der reichste Mann der Welt ertrinkt in Würde

J. J. Astor war sicher nicht der reichste Mann der Welt, auch nicht Amerikas, wohl aber an Bord der *Titanic*. Die Familie Astor – ehemalige Einwanderer aus Deutschland – genoss allgemein hohes Ansehen in den USA; noch heute kennt jeder die Waldorf-Astoria-Hotels.

Im Gegensatz zum Millionärskollegen Guggenheim wissen wir, wie Astor unmittelbar auf die Benachrichtigung von der Havarie reagierte – oder besser gesagt: Es gibt davon zwei Versionen. In der ersten sitzt Astor in der Bar, während die Nachricht von der Kollision eintrifft, und antwortet darauf so schlagfertig wie witzig: »Ich hatte Eis bestellt, aber das ist lächerlich!« Version zwei: Astor ist nun in seiner Kabine und genießt das Privileg, vom Kapitän höchstpersönlich über den Unfall informiert zu werden. Und was sagt Astor da? Genau: »Ich hatte Eis bestellt, aber das ist lächerlich!« Ob der Kapitän darüber lachen konnte, bleibt ungewiss, ebenso wie und wo Astor von der Havarie erfuhr. Für die Vorgänge danach jedoch ist sein Verhalten durch eine ganze Anzahl an Zeugenaussagen recht gut abgesichert. Astor war sehr daran gelegen, seine Frau zu einem der Rettungsboote zu bringen. Er übergab sie auf dem A-Deck dem zuständigen Offizier und bat, die Hochschwangere begleiten zu dürfen. Doch da war er an den Falschen geraten. Lightoller ließ auf seiner Seite keine Männer in die Rettungsboote. Astor begehrte nicht auf und verabschiedete sich von seiner Frau. Allerdings erkundigte er sich bei Lightoller noch nach der Nummer des Bootes, wahrscheinlich in der Erwartung, seine Frau später wiederzufinden.

Eleganz aus der verlorenen Zeit: J. J. Astor flaniert mit Hut und Hund.

Von nun an wird es wieder obskur. Noch am Boot soll J. J. Astor einem 13-jährigen Jungen, dem ebenfalls der Zutritt verwehrt worden war, einen Damenschal umgebunden und ihm damit doch noch den begehrten Platz verschafft haben.

Der Kuriositäten nicht genug. Ein Bordfriseur berichtete, er habe mit Astor die letzte Stunde der *Titanic* verbracht – und zwar einträchtig händchenhaltend, offenbar als kleiner Mutmacher in einer aussichtslosen Lage. Komisch nur: Der Friseur muss die Hand dann doch rechtzeitig wieder losgelassen haben, um ein Rettungsboot zu besteigen. Astor brauchte sich um einen neuen Begleiter in den Tod keine Gedanken zu machen, ein anderer Zeuge sah ihn beim Untergang Seit an Seit mit Major Butt auf der Brücke. Dieser Zeuge musste über eine phänomenale Sehstärke verfügen, denn er befand sich in einem entfernten Rettungsboot.

Madelaine Astor überstand die Skandale um ihre Ehe und den Untergang der *Titanic*.

Astor wird so lebensmüde nicht gewesen sein, sich auf die stark gefährdete Brücke zu begeben. Aus der Frage nach der Bootsnummer seiner Frau klang ja die leise Hoffnung, sie später wiederzusehen. Aber Astor hatte Pech: Einer der Schornsteine löste sich beim Sinken des Schiffs, brach ab und klatschte in die Fluten – wobei er zahlreiche Menschen in den Tod riss, darunter mit hoher Wahrscheinlichkeit auch den ehedem reichsten Mann an Bord. Denn eine Woche nach der Katastrophe fischte das Bergungsschiff *Mackay-Bennett* die noch immer rußverschmierte Leiche eines Mannes aus dem Wasser. Opfer Nummer 124 trug allerhand Gegenstände bei sich, darunter einiges Geld, eine wertvolle Uhr und nicht minder wertvolle Kleidung, auf der sich die Initialen J. J. A. befanden – so wird berichtet.

Der reichste Mann an Bord und noch dazu ein skandalträchtiger Weltmann – und dann nur so ein glanzloser Tod? Es wäre verwunderlich, wenn sich da nicht wenigstens noch eine kleine Verschwörungstheorie ergäbe. Astors Leiche wurde in der Nähe eines Rettungsboots entdeckt, wo sie sich aber nicht unbedingt hätte befinden dürfen, da er ja mit dem Schiff unterging. Und warum hatte der Colonel so viel Geld und Wertsachen bei sich? Im Gegensatz zu einem Drittklasspassagier musste er sicher nicht befürchten, im Falle einer Rettung plötzlich ohne Vermögen dazustehen. Und so entstand eine weitere wenig glaubwürdige Verschwörungstheorie: Nicht Astor, sondern ein Plünderer war die Leiche.

17 Versperrte Wege – die dritte Klasse wird nicht benachteiligt

Ganz einerlei, ob Romancier, Drehbuchautor oder Hobbyforscher, spannend und faszinierend ist das glamouröse Leben der Passagiere der *Titanic* allemal. Die Biografie eines irischen Auswanderers unterscheidet sich im Grundsätzlichen kaum von der seines polnischen Kabinenkameraden, doch über einen J. J. Astor gibt es allerhand an Anekdoten zu berichten. Auch in der Aufbereitung des Unglücks, sei es als Buch oder Film, spielen die Passagiere der dritten Klasse dementsprechend bestenfalls eine dekorative Nebenrolle.

Eine Plakette erinnert während einer *Titanic*-Ausstellung im Jahr 2000 an 536 Opfer der dritten Klasse.

Mit dieser Ignoranz befinden sich die Autoren allerdings in guter Gesellschaft. Weder der amerikanische noch der britische Untersuchungsausschuss interessierten sich in nennenswerter Weise für das Geschehen auf den Zwischendecks. Im Gegenteil, im Ergebnis kam das britische Gremium zu dem explizit formulierten Urteil: »Bei der Rettung der Passagiere sind die Reisenden der dritten Klasse nicht diskriminiert worden.« Nun mag eine überwiegend aristokratisch zusammengesetzte Kommission mit einer solchen Sicht der Dinge wenig überraschen, doch auch ein deutscher Journalist konnte noch in den 1980er-Jahren schreiben: »Doch die Reichen wurden auf der *Titanic* nicht bevorzugt, einer offenbar unsterblichen Legende entgegen – es galt: Frauen und Kinder zuerst!«

Ein Blick allein auf die Statistik macht bereits stutzig. Es wurden in absoluten Zahlen weit mehr Männer aus der ersten Klasse gerettet als aus der dritten. Anders ausgedrückt: Aus der ersten überlebte circa ein Drittel, aus der dritten circa ein Siebtel. Auch wurden aus der ersten und zweiten Klasse fast alle Kinder gerettet, aus der dritten wiederum nur ein Drittel. Es gibt also wenig Grund, von einer »ewig unsterblichen Legende« zu reden, da in diesem Fall einfach konkrete Zahlen vorliegen, die schwerlich anders zu interpretieren sein dürften.

Eine komfortable Suite der ersten Klasse auf dem fahrenden Hotel namens *Titanic*.

Die Passagiere der ersten, zweiten und dritten Klasse spiegelten die Verhältnisse der damaligen Gesellschaft wider. Sie wurden voneinander getrennt gehalten, Absperrungen, unterschiedliche Gänge und Treppen sollten Begegnungen vermeiden. Die Anordnung der Kabinen war kein echtes Oben und Unten, die Verteilung war diffiziler, aber im Allgemeinen lagen die Räume der dritten Klasse an tiefer im Schiffsrumpf gelegenen oder schwerer zugänglichen Orten. Wenig überraschend ist auch, dass die Betreuung der Zwischendeckpassagiere knapper ausfiel.

Damit sind auch zwei bedeutsame Punkte genannt, die erklären, warum die Passagiere der dritten Klasse schlechtere Karten hatten. Wieder einmal ist es Lawrence Beesley, Passagier der zweiten Klasse, der einen wichtigen Hinweis liefert. Bei seiner Beschreibung des Schiffs deutete er an, wie kompliziert es für einen Kabinenbewohner des unten gelegenen F-Decks sein musste, überhaupt das Bootsdeck zu erreichen, »sicher eine anspruchsvolle Aufgabe für jemanden, der darin nur wenig Übung hatte«. Da wäre Hilfe gut von Leuten, die sich auskennen. Während jedoch in den oberen Decks die Passagiere persönlich benachrichtigt, teilweise sogar gedrängt wurden, ihre Kabinen zu verlassen, unterblieb dies oftmals im Zwischendeck. Im Zuge der amerikanischen Untersuchung wurde der Chefsteward der zweiten Klasse, J. Hardy, gefragt, wie es denn geschehen konnte, dass beim Bemannen der Rettungsboote oft einfach zu wenig Passagiere vorhanden waren, um diese zu füllen – angesichts von über 1500 zurückgebliebenen Toten? Hardy wusste es nicht. Er meinte, sie seien offenbar noch immer in den unteren Decks gewesen.

Damit dürfte er recht gehabt haben, auch wenn er seinen Kollegen hierdurch ein Armutszeugnis ausstellte.

18 No Pope – die bösen Omen

Auf der Werft *Harland & Wolff* rekrutierten sich die Arbeiter hauptsächlich aus der einheimischen Bevölkerung, und so spiegelten sie deren Konflikte wider. Nordirland stand damals wesentlich stärker als der Rest der Insel unter englischer Herrschaft, die höheren Schichten waren überwiegend protestantisch und fühlten britisch; der religiöse und politische Konflikt um die Unabhängigkeit – das aktuelle Stichwort war damals die »Home Rule« – schwelte gefährlich.

Fahrt ohne Wiederkehr – ein Plakat in New York preist die Rückfahrt der *Titanic* nach Europa an.

Zumindest unterschwellig machten sich die konfessionellen Differenzen und das gegenseitige Misstrauen auch auf der Werft bemerkbar. Der Auftrag an *Harland & Wolff* zum Bau der *Titanic* trug die Nummer 390904. Diese unscheinbare Zahl wurde von einigen katholischen Arbeitern als Affront und auch Unglücksprophezeiung gedeutet. Irgendwer musste wohl ausgeknobelt haben, dass 390904, liest man es in Spiegelschrift, annähernd so etwas wie »No Pope« ergibt. Man brauchte hierfür allerdings eine sehr hässliche Schmierschrift und vor allem Fantasie sowie Argwohn gegen seine protestantischen Vorgesetzten. Die Werftleitung jedenfalls kannte ihre Arbeiter nur zu gut und sprach ein offizielles Dementi aus, um die Lage zu beruhigen: Die Zahl sei Zufall, antikatholische und damit antiirische Intention keinesfalls beabsichtigt. Nach dem Untergang wird sich der eine oder andere katholische Arbeiter sicher daran erinnert haben.

Doch auch so manchen protestantischen Kollegen beschlich nach der Katastrophe ein böser Verdacht: Hatten die Katholiken etwa beim Bau der *Titanic* gepfuscht – und das mit Absicht? Was für eine Blamage für die große britische Reederei White Star Line, dass ihr ganzer Stolz, das schwimmende Luxushotel *Titanic*, schon bei der allerersten Fahrt unterging. Dieser Kratzer am Selbstbewusstsein der englischen Nation konnte doch so einigen irischen Nationalisten nur recht sein. Die irischen Werftarbeiter bauten in diesen Jahren zahllose Schiffe, unter anderem ja auch die *Olympic*, deren »Versenkung« nach dieser Theorie einen ähnlichen Reiz hätte haben müssen, die aber problemlos jahrzehntelang über die Meere schipperten. Auch darf ihr Einfluss auf die Bewegungen atlantischer Eisberge als relativ gering gelten, ebenso wenig hatten sie über die Anzahl an Rettungsbooten zu bestimmen.

Eines allerdings waren die irisch-katholischen Arbeiter auf der Werft sicherlich, und zwar überdurchschnittlich abergläubisch. Irgendwer hatte um Dienstschluss herum ein seltsames Klopfen im Rumpf des Schiffs vernommen. Es dauerte nicht lange, bis sich die makabre Geschichte verbreitete, das hohe Tempo beim Bau habe dazu geführt, dass irgendwo in dem riesigen Schiffsrumpf ein Kollege eingeschlossen worden sei. Auf näher liegende Erklärungen, nämlich dass ein Kontrolleur das Material überprüfte oder einfach überhaupt nur ein Arbeiter noch mit einem Hammer zugange war, verfiel man nicht.

Die *Titanic* beim Bau auf der Belfaster Werft *Harland & Wolff*

Möglicherweise ist aber die komplette Geschichte nur eine Erfindung oder eine Wiederholung altbekannten Seemannsgarns, denn in Hohlräume eingeschlossene Werftarbeiter finden sich auf vielen Schiffen, manchmal sogar in größerer Anzahl. Auf See ist es recht einsam, unerklärliche Geräusche erfordern zuweilen unorthodoxe Erklärungen.

Harland & Wolff

Die Werft in Belfast besteht seit 1862 unter diesem Namen. Mit der kurze Zeit später gegründeten White Star Line verband sie eine jahrzehntelang sehr erfolgreiche Zusammenarbeit, die Reederei ließ dort nahezu alle ihre Schiffe bauen. Doch auch andere Schifffahrtsgesellschaften im In- und Ausland vertrauten auf die Kompetenz der Nordiren in Sachen Luxusliner, und die Royal Navy gab dort Kriegsgerät in Auftrag. Nach der allgemeinen Werftenkrise in den 1970er-Jahren existiert *Harland & Wolff* stark verkleinert noch immer. Der Schwerpunkt der Tätigkeit liegt auf Schiffsreparaturen und erneuerbaren Energien (Offshore-Windparks).

19 Alarm im Kohlebunker – ein Feuer brennt seit Tagen im Rumpf des Schiffs

Ein riesiges Schiff fährt über den Atlantik, in seinem Innern brennt ein Feuer. Das klingt nach dem Auftakt zu einer schrecklichen Horrorgeschichte, man sieht es schon mit einer großen Rauchfahne im Meer versinken, hat die Panik der Passagiere und der Besatzung vor Augen, denen nur Verbrennen oder Ertrinken bleibt. Tatsächlich aber hat kein einziger Passagier das Feuer bemerkt, auch große Teile der Besatzung nicht. Bald nach der Ausfahrt war es gelöscht. Nach Aussage mehrerer Crewmitglieder hatte es an Bord der *Titanic* tagelang gebrannt. Ein Feuer habe sich bereits in Belfast entzündet und bis zum Samstag vor dem Untergang gebrannt.

Vorab: Feuer in Kohlebunker sind nichts Außergewöhnliches, solche Brände entstehen des Öfteren durch Selbstentzündung. Je nach Ausmaß lässt man sie schlicht und einfach kontrolliert vor sich hin brennen, bis es an der Zeit ist, sie angemessen zu bekämpfen. Die Gefahr, dass die *Titanic*, wenn es solch ein Feuer gab, in einer Art Feuerball plötzlich und überraschend im Meer versinken würde, bestand demnach kaum.

Da das Feuer im Kohlebunker schon seit dem Auslaufen aus der Werft gebrannt haben soll, muss es der Mannschaft auch gelungen sein, es vor den Kontrolleuren der Handelsmarine zu verbergen, die vor dem Auslaufen zur

Trimmer

Ein riesiger Ozeandampfer wie die *Titanic* benötigte eine Unmenge an Kohle, bis zu 5000 Tonnen am Tag, die natürlich an Bord selbst mitgeführt werden müssen. Die großen Kohlebunker tief im Innern spielten deshalb auch eine wichtige Rolle für die Stabilität des gesamten Schiffs. Es musste darauf geachtet werden, keine zu großen Ungleichheiten an Gewicht zuzulassen (also beispielsweise die Bunker einfach nach und nach zu leeren). Um die Haufen umzuschichten, gab es eine eigene Gruppe von Seeleuten, die so genannten Trimmer. Das war ein unbeliebter und nicht gerade ungefährlicher Beruf mit einer hohen Ausfallquote.

Treibstoff für einen Ozeanriesen: Tonnen von Kohlen.

Jungfernfahrt an Bord gekommen waren. Auch wenn es nicht mehr unseren heutigen Maßstäben entspricht, galt das Kontrollverfahren als akribisch. Ein ungelöschtes Feuer im Inneren des Schiffs hätte allemal gemeldet werden müssen, wurde es aber nicht. Auch scheint es den Inspekteuren entgangen zu sein. Captain Smith erklärte die *Titanic* zusätzlich in einem kurzen Bericht nach der Probefahrt für uneingeschränkt einsatzbereit.

Unser Wissen von dem mehrtägigen Feuer stammt aus den Aussagen einiger Heizer, insbesondere von Fred Barrett, einem der Ersten, der den Wassereinbruch nach der Kollision bemerkte und auch dessen Ausmaß zu spüren bekam. Zuvor aber hatte er mit dem Feuer zu kämpfen, gemeinsam mit einigen anderen Kollegen, von denen einige angeblich nur zur Brandbekämpfung noch in Southampton angeheuert worden waren. Das Löschen gelang, wie bereits erwähnt, erst am Samstag, also dem 13. April. Das Feuer habe, so wiederum mehrere Aussagen unter den Heizern, eines der wasserdichten Schotten zum Glühen gebracht und vermutlich auch beschädigt, es habe verzogen gewirkt und war geschwärzt.

Für den Verlauf der Katastrophe ist es nicht wirklich von Belang, wem man glauben möchte. Ob das Schott nun beschädigt war und dadurch beim Eindringen des Wassers brach, hätte am Untergang der *Titanic* nichts geändert. Die betroffene Abteilung wäre eben von unten nach oben gefüllt worden statt von oben nach unten.

20 Zur Kenntnis genommen – die *Titanic* ignoriert die zahlreichen Eisbergwarnungen

Selten zuvor – manche sagen auch noch nie – war ein Eisfeld zu dieser Jahreszeit, Mitte April, so weit nach Süden vorgedrungen, wo es die üblichen und viel befahrenen Routen der europäisch-amerikanischen Atlantikschifffahrt gefährdete. Eisberge waren in der Wintersaison natürlich eine ständige Gefahr, weshalb es für diesen Zeitraum auch eine Südroute gab, um das Risiko zu verringern – ausschließen konnte man es nie. Selbst wenn sich den Schiffen kein kompaktes Eisfeld entgegenstellte, lösten sich oft einzelne Eisberge – von den englischen Seeleuten »Growlers« (»Brummbären«) genannt – und drifteten allein in Richtung Süden.

Für die große Anzahl dort verkehrender Schiffe bestand also stets eine relative Bedrohung, die von den Offizieren zumindest im Hinterkopf behalten werden musste. Andererseits waren in diesem Gebiet viele Schiffe unterwegs, was seit der noch jungen Erfindung des Funks den Vorteil bot, dass Nachrichten über Eissichtungen ausgetauscht werden konnten und sich so, wenn mehrere Meldungen eintrafen, eine Art Eis-Landkarte herausbildete. Die Schiffsführungen konnten entsprechende Vorsichtsmaßnahmen ergreifen, etwa Kurskorrekturen bis hin zum kompletten Stopp, wie ihn etwa die *Californian* in der Nacht eingelegt hatte. Es gehörte auch zur seemännischen Redlichkeit, Warnungen an andere Schiffe weiterzugeben – solche, die man selbst herausgab, wenn man Eis gesichtet hatte, und solche, die man von anderen Schiffen bekam. An diesem Netzwerk waren auch Funkstationen an Land wie Cap Race beteiligt, die Informationen an die Schiffe weitervermittelten. 1912 war damit also bereits ein bedeutender Schritt in Richtung auf mehr Sicherheit gegenüber der Gefahr durch Eis getan (und nach der *Titanic*-Katastrophe wurde diese noch weitaus verbessert).

Doch musste man dieses Angebot natürlich auch in angemessener Weise nutzen. Es ist davon auszugehen, dass die Funker der *Titanic* am Sonntag, dem 14. April, eine ganze Reihe solcher Eiswarnungen empfingen. Ausnahmsweise hatte man zu dieser Frage sogar einen echten Augen- und Ohrenzeugen zur Verfügung, und zwar den überlebenden Assistenzfunker Harold Bride. Doch der blieb in seinen einschlägigen Aussagen erstaunlich vage. Er hatte sich auch nicht den ganzen Tag über in der Funkkabine auf-

Fatale Schönheit: ein Eisberg vor Grönland.

gehalten, da er sich im Dienst mit dem Hauptfunker Phillips abwechselte. Ganz zu verdenken war ihm seine Verschlossenheit nicht, schließlich warf es kein sonderlich gutes Licht auf ihn, wenn eingehende Funksprüche irgendwo auf dem Weg zur Brücke verschwanden.

Trotzdem ist eine Anzahl von Funksprüchen bekannt, die an Bord der *Titanic* aufgefangen wurden. Was dort mit ihnen geschah, ist der eigentliche interessante Punkt. Im Falle von insgesamt sechs solcher Gefahrenmeldungen wurde versucht zu klären, wem sie vorgelegt und welche Folgerungen daraus gezogen wurden.

Am Morgen des 14. April erreichte die *Titanic* ein Funktelegramm, das allerdings schon zwei Tage alt war. Der Dampfer *Caronia* gab die Position von ihm gesichteter Eisberge und Eisfelder durch. Die war nicht weit von der Route der *Titanic*, etwas nördlicher – vor zwei Tagen und mit Drift Richtung Süden. Captain Smith zeichnete diese Meldung ab.

Die zweite Eiswarnung wurde berühmt, denn sie stammte von den White-Star-Kollegen an Bord der *Baltic* und traf um 13.42 Uhr ein. Das Schiff schickte freundliche Grüße und eine Eiswarnung der *Athinai*, eines griechischen Dampfers, wiederum mit Positionsangaben, die ähnlich nah waren wie die der *Caronia*, aber wesentlich aktueller. Berühmt wurde das Telegramm natürlich wegen der Tatsache, dass Smith, der es wiederum abzeichnete, es an den gerade anwesenden Reeder Ismay weiterreichte. Erst abends gegen 19 Uhr forderte Captain Smith das Blatt von ihm zurück, um es für die Navigation aufzuhängen, was in jedem Fall, um es vorsichtig auszudrücken, nicht hilfreich war.

Noch ein Beispiel für die internationale Solidarität der Seeleute: Von der angeblichen deutsch-britischen Flottenkonkurrenz unbeeindruckt bat der deutsche Dampfer *Amerika* die *Titanic*, eine Eismeldung an Washington (dort existierte eine Sammelstelle für solche Warnungen) über Cap Race weiterzuleiten. Dies tat der Funker der *Titanic* auch – er besaß wohl einen stärkeren Sender als die Deutschen. An Bord selbst gab er die Nachricht aber nicht weiter.

Exakt zwei Stunden vor der Kollision richtete die *Maseba* eine Warnung direkt an die *Titanic*. Sie beschrieb Eisberge und Packeis in einem Gebiet, das direkt auf deren Route lag – und in dem die *Titanic* später versank. Was mit dieser Meldung geschah, konnte nicht geklärt werden. Captain Smith war zu diesem Zeitpunkt nicht mehr auf der Brücke, womöglich kam sie dort aber auch gar nicht an. Diese letzten drei Eiswarnungen sind also vermutlich alle nicht zur Kenntnis der Brücke gelangt. Dort befand sich nur die Meldung der *Baltic* vom Mittag, die Ismay zurückgegeben hatte.

Die nächste Warnung, 70 Minuten vor der Kollision, war nicht für die Funker bestimmt, sondern kam per Leuchtsignalen von dem amerikanischen Frachter *Rappahannock* und erreichte somit die Brücke direkt. Das Schiff hatte Eisfelder und Eisberge passiert und war dabei wohl auch leicht beschädigt worden. Die *Titanic* dankte für die Nachricht.

Noch einmal, es war keine Stunde mehr bis zu der fatalen Begegnung, meldete sich ein Schiff bei der *Titanic* – wiederum auf direktem Wege –, um vor Eis zu warnen. Das Schiff war nicht sonderlich weit entfernt und hat später noch eine große Rolle gespielt: die *Californian*. Der Funker Phillips jedoch unterbrach brüsk die Meldung des Kollegen und forderte ihn auf, »aus der Leitung« zu gehen, da er gerade mit Cap Race in Verbindung stehe. Der so angefahrene Funkerkollege gehorchte – mit schrecklichen Folgen für alle Beteiligten. Man muss kaum hinzufügen, dass Phillips diesen Dialog – mitsamt der Eiswarnung – natürlich nicht an die Schiffsführung auf der Brücke weitergereicht hat.

Hat die *Titanic* also die Eiswarnungen ignoriert? Ja und nein. Tatsächlich scheint es so, als seien ab der zweiten Meldung des Tages, dem Telegramm der *Baltic*, alle anderen Funksprüche irgendwo versandet; entweder blieben sie gleich im Marconiraum liegen oder sie gingen an Offiziere – Bride behauptet dies von der *California-Antilian*-Meldung –, um dann zu verschwinden. Der Kapitän hat nur zwei Eingänge bestätigt – und den einen dann weitergereicht, sodass er für Stunden ebenfalls verschwand. Dazu kam noch die Signalmeldung der *Rappahannock*, die der Kapitän nicht mitbekam, da er zu der Zeit nicht im Dienst war.

Einerseits lässt sich also zweifellos sagen, dass verschiedene Personen an Bord die eingehenden Eiswarnungen spätestens nach Eingang des Telegramms von der *Baltic* buchstäblich ignorierten, indem sie diese einfach nicht mehr weitergaben. Das betrifft die Funker und auch den ominösen Offizier, wenn Brides Aussage zutrifft. Andererseits kann man nicht guten Gewissens behaupten, dass die *Titanic*, sprich ihre Verantwortlichen, nicht Bescheid wussten. Die Meldungen vom Vormittag waren ja trotzdem eindeutig genug, und das Seegebiet war auch so, wie erwähnt, immer latent für Eisberge bekannt.

Die Ignoranz liegt also woanders, nämlich im Umgang mit dem Inhalt der eingetroffenen und bestätigten Eismeldungen. Abgesehen von einer leichten Kurskorrektur nach Süden geschah nichts. Man muss kein Seemann sein, um die einzig plausible Schlussfolgerung aus den Eiswarnungen zu ziehen, und es ist auch kein Fall von arroganter Besserwisserei im Nachhinein, wenn man feststellt: Die *Titanic* hätte ihre relativ hohe Geschwindigkeit drosseln müssen. Nichts dergleichen geschah. Die Untersuchungskommissionen hatten dies natürlich ebenfalls sofort erkannt. Doch die befragten Kapitäne und Seeleute anderer Schiffe gaben jeweils zu, dass sie nicht anders gehandelt hätten als Captain Smith. Eine Geschwindigkeitsreduzierung sei nicht üblich gewesen, trotz Eismeldungen. Inwieweit dies Ausdruck posthumer Solidarität mit dem toten Smith war, sei dahingestellt. Man möge sich aber daran erinnern, dass der viel gescholtene Kapitän Lord von der *Californian* angesichts der Eismassen nicht nur die Maschinen drosselte, sondern das Schiff stoppte. Für die *Titanic* war das sicher keine Option, aber es zeigt, dass man – insbesondere in der Nacht – doch Vorsichtsmaßnahmen ergreifen konnte und dies auch tat. Die *Titanic* aber fuhr konstant mit bis zu 22 Knoten ins Eisgebiet hinein.

21 Ein Einzelgänger – die *Titanic* rammt den einzigen Eisberg weit und breit

Der Maler Willy Stöwer hatte eine Vorliebe für nautische Themen, und so war es nicht verwunderlich, dass er in der »Gartenlaube«, dem Spießbürgerorgan des wilhelminischen Deutschland schlechthin, das Unglück der *Titanic* dramatisch zeitnah in Szene setzte. Das Bild wirkt etwas chaotisch, zwischen herumschwimmenden Leichen und Überlebenden rudern die Rettungsboote recht nah beieinander, obwohl sie sich in der Nacht des 15. April aufgrund der herrschenden Sichtverhältnisse kaum gegenseitig wahrnehmen konnten.

Das Heck ragt bereits aus dem Wasser, die Lichter brennen noch – und der vierte Schornstein raucht – ein Fehler, der sich auf vielen Bildern findet. Denn Stöwers Illustration diente so manchem Nachfolger als Vorbild. Eine Reproduktion des Originals findet sich auch in einem deutschen dokumentarischen Bestseller mit der Unterschrift »Die Katastrophe aus Sicht des deutschen Marinemalers Willy Stöwer. Eis war während des Untergangs der *Titanic* übrigens nicht in Sicht«. Wörtlich genommen ist dem kaum zu widersprechen, denn, wie gesagt, die Sicht war schlecht.

Willy Stöwers berühmtes Gemälde, kurz nach der Katastrophe 1912 entstanden.

Doch der Satz mit dem leicht hämischen »übrigens« lässt einen trotzdem ins Grübeln geraten. Schließlich würde er bedeuten, dass die *Titanic* auch noch das fast schon unerträgliche Pech hatte, den einzigen Eisberg zu rammen, der weit und breit in der See trieb. Zwei Fakten könnten für die These vom einzelgängerischen Eisberg sprechen: erstens die erwähnte späte Entdeckung durch den Ausguck, der vorher keine anderen Eisberge gemeldet hatte. Und zweitens die Berichte einiger Passagiere, die angaben, schon kurz nach dem Zusammenprall keinen Eisberg gesehen zu haben. Schon hier wird die Sache unsicher, denn andere wiederum wollen ihn gesehen haben, was aber nicht sehr glaubwürdig ist.

Passagiere der zweiten und dritten Klasse spazieren auf den ihnen zugänglichen Decks.

Der todbringende Eisberg hatte sich längst davongemacht, bzw. die *Titanic* hatte sich von ihm entfernt. Lawrence Beesley konnte in der Dunkelheit jedenfalls keinen Eisberg erkennen, doch nennt auch er die Sicht schlecht aufgrund der Dunkelheit. Hat Willy Stöwer also tatsächlich die künstlerische Freiheit übertrieben und die Szene des Untergangs einfach etwas dramatischer gestaltet? Möglich, aber hätte er die Berichte von Rettungsbootinsassen gelesen – da er sein Bild recht schnell hat anfertigen müssen, wird er noch nicht über allzu viele Quellen verfügt haben, geschweige denn zuverlässige –, so wäre er bestätigt worden. Beesley schreibt später in seinem Bericht, der Weg mit dem Boot sei auch deshalb beschwerlich gewesen, da man unter anderem einen riesigen Eisberg habe umfahren müssen. Der herbeieilenden *Carpathia* ging es nicht besser, immer wieder musste sie Eisblöcken und -feldern ausweichen. Mit gemischten Gefühlen betrachtete der gerettete Beesley die Szenerie vom Deck der *Carpathia* aus: Das Meer sei regelrecht mit Eisbergen angefüllt gewesen.

Er war nicht der einzige Insasse eines Rettungsboots, der sich von Eisbergen umgeben fühlte. Der Vierte Offizier Boxhall beschrieb die Umgebung der *Carpathia* ähnlich, und deren Kapitän, Arthur Rostron, sprach von »Eisbergen überall um mich herum«. Doch nicht nur der untadelige Rostron, der große Held der *Titanic*-Geschichte, liefert seinen Beitrag zur Widerlegung der Geschichte vom einzelnen Eisberg, auch sein Widerpart, der gescholtene Kapitän Lord – denn er hatte sein Schiff, die *Californian*, ja gestoppt, weil er bei der schlechten Sicht nicht weiter durch das Eisfeld fahren wollte. Und da war er von der *Titanic* so weit nicht entfernt.

22 Leises Knirschen – der Aufprall des Eisbergs war kaum wahrnehmbar

Das gesellschaftliche Leben an Bord der *Titanic* war um 23.40 Uhr zur Zeit des Zusammenstoßes schon am Abklingen. Viele Passagiere waren in ihren Kojen oder bereiteten sich vor, diese aufzusuchen. Ähnliches gilt für Besatzungsmitglieder, die nicht im Dienst waren. Lawrence Beesley, eine der zuverlässigsten Quellen, las in seiner Kabine auf dem Bett, doch er nahm den Zusammenprall lediglich als ein kurz über das gewöhnliche Maß hinausgehendes Ruckeln an seiner Matratze wahr – eine Bewegung, die er gewohnt war und die ihn erst nachdenklich stimmte, als sie durch das Abstellen der Maschine völlig aufhörte. Die plötzliche Stille empfand er als weitaus beängstigender, und erst jetzt begann er zu vermuten, dass etwas Ungewöhnliches geschehen war.

Die Aussagen anderer Passagiere unterscheiden sich hiervon nicht sonderlich. Viele hübsche Bilder wurden gefunden, um den Aufprall zu beschreiben. Eine Passagierin, Mrs. J. Stuart White, nannte es ein »Rollen wie über Murmeln«, als ein kurzes Erzittern spürten es andere, etwa Miss W. Shutes, die sich in ihrer Kabine gleich wieder schlafen legte. Für viele müde Passagiere an Bord war das kurze, undefinierbare Geräusch offenkundig kein Grund, sich größere Sorgen zu machen, und sie legten sich wieder schlafen – sofern sie überhaupt aufgewacht waren.

Doch die Passagiere sind überwiegend Landratten und mit dem Geräuschspektrum eines Schiffs nicht vertraut. Die Crewmitglieder sind eher berufen, in diesem Fall vertrauenswürdig Zeugnis abzulegen – was sie jedoch ebenso wenig tun. Einige Heizer und Matrosen beschrieben den Zusammenprall als »leichten Ruck« oder »kurzen Stoß«. Der Zweite Offizier Lightoller, der keine Wache hatte, nannte es mehrfach ein »Knirschen«, der Funker Harold Bride sagte aus, überhaupt nichts mitbekommen zu haben, der Dritte Offizier Pitman verglich das Gehörte mit dem Auslaufen der Ankerkette. Hat Wolf Schneider also recht, wenn er schreibt, das kaum wahrgenommene Geräusch sei, betrachtet man seine todbringende Wirkung, »grotesk in seiner scheinbaren Harmlosigkeit«?

Das Ganze ist, wie so oft, eine Frage des Standpunkts – und zwar fast im wörtlichen Sinne. Denn nicht nur Captain Smith, der sich in einem Nebenraum kurz ausruhte, sprang sofort auf und lief alarmiert auf die Brücke.

Gänzlich undramatisch wirkt diese Illustration des Unglücks aus der englischen Zeitschrift *The Sphere* vom 20. April 1912.

Einige andere erfahrene Seeleute konnten das Geräusch zwar nicht deuten, ahnten aber, dass irgendein Schaden aufgetreten sein musste. Man vermutete unter anderem ein Problem mit einer der drei Schiffsschrauben. Je tiefer man in den Rumpf des Schiffs vordringt – vor allem im Vorschiff –, desto weniger ist von »Knirschen« oder »Schleifen« die Rede. Dort sprach man schon von »Donnergrollen« oder einem »lauten Schock«.

Archibald Gracie – wiederum nur Passagier – vermutete in seiner Steuerbordkabine liegend sofort eine Kollision, wenn auch mit einem anderen Schiff. Es ist auch nicht klar, inwieweit sein Wissen um die folgende Katastrophe solch eine Wahrnehmung mitbestimmte. Er war jedoch einer der wenigen Nichtbesatzungsmitglieder, die das Geräusch im Nachhinein als so bedrohlich beschrieben. In den meisten Fällen blieb es beim Wiederholen harmloser Vergleiche wie den Geschichten vom klappernden Tafelsilber und den herabrutschenden Brötchen in der Bordbäckerei, um den Kontrast aufrechtzuerhalten zwischen kleiner Ursache und großer Wirkung.

Doch die Aussagen von Zeugen, die sich an der vorderen Steuerbordseite befanden, zeichnen ein realistischeres Bild. Hier gab es kein den süßen Schlummer kurz unterbrechendes Ruckeln, hier rumste es gewaltig und mit sofortigen Folgen. Nicht nur das mehrfache Anstoßen des Berges an die Außenwand, sondern auch das einbrechende Wasser machten einen Höllenlärm. Die sich dort befindenden Crewmitglieder hatten kaum Illusionen hinsichtlich der Folgen des Zusammenpralls.

23 »Rückwärts – stopp – vorwärts!« – auf der Brücke reihen sich die Fehlentscheidungen

Mit der Meldung des Ausgucks Frederick Fleet an die Brücke, die der Sechste Offizier Moody entgegennahm und sofort an den diensthabenden Kommandanten, den Ersten Offizier Murdoch, weiterleitete, setzte eine Reihe von Entscheidungen ein, die auf die eine oder andere Art das weitere Schicksal des Schiffs und damit aller anwesenden Personen an Bord entscheidend bestimmen würden. Da wir das Ende der Geschichte kennen, darf man getrost vermuten, dass dabei einiges schiefgelaufen ist. Es wird sich zeigen, ob der Ablauf diesen Verdacht erhärtet.

Murdoch handelt – natürlich bleibt ihm nichts anderes übrig – blitzschnell. Er befiehlt dem Rudergänger Hitchens, das Ruder hart backbord zu legen, und signalisiert dem Maschinenraum, die Maschinen zu stoppen und auf volle Kraft zurück zu gehen. Dann drückt er den Knopf, um die wasserdichten Schotten zu schließen. All dies geschieht innerhalb weniger Sekunden. Auf die – vermeintliche – Alternative, den Kurs beizubehalten und den Eisberg mit dem Bug voraus zu rammen, wurde schon ausführlich eingegangen. Andere warfen Murdoch vor, seine Befehle seien widersprüchlich oder sogar kontraproduktiv gewesen. Denn wenn er Kurs hart backbord befohlen habe, hätte er nicht gleichzeitig die Maschinen erst stoppen und dann gar Rückwärtsfahrt befehlen dürfen, sondern Fahrt voraus, um am Eisberg vorbeizukommen. Es ist unmöglich, eine solche Situation anhand von Trockenübungen am Schreibtisch zu beurteilen. In Murdochs Kopf mussten allerlei Kalkulationen in Sekunden stattfinden, und die Tatsache, dass die *Titanic* den Eisberg nur seitlich schrammte, beweist immerhin, dass es ihm fast gelungen wäre, die Kollision komplett zu vermeiden.

Doch hatten seine Anweisungen keinen Erfolg, es kam zum Zusammenstoß. In diesem Augenblick tauchte auch Captain Smith, der sich kurz in Uniform zur Ruhe gelegt hatte, auf der Brücke auf, erkundigte sich nach dem Vorgefallenen und fragte, ob die Schotten geschlossen worden seien. Murdoch bestätigt ihm dies. Die Brückenoffiziere starrten gemeinsam nach Steuerbord hinaus, doch war dort von dem Eisberg nichts mehr zu erkennen. Nun schickte der Kapitän den Vierten Offizier Boxhall in den vorderen Teil des Schiffs, um sich dort umzusehen.

Blick vom Bug auf die Brücke der *Titanic*

Und dann machte Smith etwas, was für die meisten Beobachter und Interpreten der Vorgänge sehr schwer nachvollziehbar ist. Er befahl, die Maschinen noch einmal in Gang zu setzen, halbe Kraft voraus, dann erst den endgültigen Stopp. In der kurzen Zeit der Fahrt geschieht, was geschehen muss: Durch den Widerstand des Wassers kommt es zu verstärkten Wassereinbrüchen. Lawrence Beesley schreibt, dass die wieder aufgenommene Fahrt der *Titanic* beruhigend auf die Fahrgäste gewirkt habe: »Ich denke, wir waren alle froh, dies bemerkt zu haben: Es schien besser als stillzustehen.« Doch allein zur Beruhigung der Passagiere wird Smith das riskante Manöver kaum befohlen haben. Als einzig plausible Erklärung wurde vorgebracht, der Kapitän habe vermeiden wollen, dass auch das Heck durch einen Zusammenstoß beschädigt würde, und deshalb befohlen, noch einmal kurz Fahrt aufzunehmen. Von da an lag die *Titanic* still und trieb leicht mit der Strömung in Richtung Süden. Da jedoch die Offiziere vorher schon nach dem Eisberg Ausschau gehalten hatten, dieser jedoch für sie nicht mehr erkennbar war, klingt auch dieser Erklärungsversuch wenig plausibel. Trotzdem ist die Maßnahme vielleicht als eine Art zusätzliches Ausweichmanöver nicht gänzlich zu verwerfen, wenn man berücksichtigt, dass nicht ganz klar ist, wann der Kapitän diese Anweisung gab. Möglicherweise geschah es vor der Rückkehr Boxhalls – und somit bevor er über die Wassereinbrüche informiert wurde. Die Kritiker werden dagegen wiederum anführen, dass er als guter Kapitän zumindest hätte in Erwägung ziehen müssen, dass das Schiff durch die Kollision leckgeschlagen war.

Die Angaben über Boxhalls Auskünfte nach seiner Wiederkehr sind widersprüchlich, angeblich habe er keine konkreten Schäden feststellen können, angeblich auf das Eindringen des Wassers hingewiesen. Einerlei – die Nachricht vom Wassereinbruch erreichte die Brücke, wenn nicht durch Boxhall, dann durch Heizer oder die Postbediensteten, deren untere Lagerstelle schon ordentlich mit Wasser gefüllt war. Der Kapitän schickte nun einen Schiffszimmermann aus, um das Ausmaß der Schäden festzustellen. Er selbst unternahm mit dem herbeigerufenen Konstrukteur Thomas Andrews eine Inspektion des Schiffs. Das Ergebnis ist bekannt: Der Zimmermann, Andrews und Smith selbst konnten sich von massiv hereinfluteten Wassermengen überzeugen. Andrews stellte seine Berechnungen an und fällte das berühmte Todesurteil über die *Titanic*: Sie wird unweigerlich untergehen und dies in sehr überschaubarer Zeit.

Inwiefern der Kapitän es tatsächlich als seine dringlichste Pflicht ansah, einige werte Gäste der ersten Klasse persönlich über die Havarie zu informieren, darunter etwa John Jacob Astor, lässt sich im Nachhinein kaum noch feststellen. Es wird weiterhin kolportiert, aber dadurch auch nicht wahrscheinlicher. Möglicherweise hat Smith auf dem Weg zum Funkraum einige dieser Passagiere getroffen und ihnen Bescheid gegeben, was später als exklusive Benachrichtigung gedeutet wurde.

Im Funkraum kommt er vor 0.15 Uhr an, denn von da an geht die erste Bitte um Hilfe über den Äther – viel zu spät. Der Zusammenstoß geschah um 23.40 Uhr, der Kapitän hatte sich also 35 Minuten Zeit gelassen, ehe er einen Notruf absetzen ließ. Das erscheint tatsächlich ziemlich lange, vor allem, da der Befehl, die Rettungsboote klarzumachen und Mannschaft und Passagiere zu informieren, bereits zehn Minuten vorher ergangen war. Zu diesem Zeitpunkt musste folglich allen auf der Brücke klar gewesen sein, wie schlecht es um das Schiff stand. Die Differenz ist allerdings nicht so riesig, der Kapitän wird sich mit seinen Offizieren beraten haben und wurde eventuell auf dem Weg zum Marconi-Raum mehrfach aufgehalten. Wissen konnte er dies natürlich nicht, aber die Verzögerung hätte sowieso keinen Unterschied mehr gemacht. Denn die Funkkabine der nahe gelegenen *Californian* war schon zehn Minuten vor dem Zusammenstoß unbesetzt, die rettende *Carpathia* würde trotzdem viel zu spät eintreffen.

Der Befehl des Kapitäns, die Rettungsboote auszusetzen, musste ebenfalls zu Missverständnissen führen – sofern er von den Passagieren überhaupt befolgt wurde, die sich dabei offenbar eher zögerlich verhielten. Neben seiner bekannten Weisung, dass Frauen und Kinder zuerst gerettet werden sollen, hat Smith angeblich zusätzlich befohlen, dass die Männer sich an Steuerbord, Frauen und Kinder an Backbord versammeln sollten. Es ist unwahrscheinlich, dass er dies wirklich getan hat, es sei denn, er wäre völlig verwirrt gewesen. Denn dadurch wären die Steuerbordboote vorerst komplett ausgefallen, da Männer diese ja nicht besteigen durften. Vermutlich hatten nur einige Passagiere die Anweisung falsch verstanden. Dass Smith sich mit der Bemannung der Boote aufgehalten haben soll, obwohl es für ihn als Kommandanten weitaus Wichtigeres zu tun gab, ist auch ein nicht haltbarer Vorwurf, denn die Verantwortlichen für die beiden Seiten waren der erste Offizier Murdoch und der Zweite Offizier Lightoller. Gerade Letzterer sorgte mit seiner geradezu dogmatischen Auslegung der Frauen-und-Kinder-zuerst-Regel noch einmal für Kontroversen. Doch zumindest war er auf der sicheren Seite, indem er einen klaren Befehl strikt befolgte. Außerdem bestätigt dieser Umstand die Vermutung, dass sich auf beiden Seiten des Bootsdecks Männer aufhielten.

Und wie lautet das Fazit nach all diesen vermeintlichen oder echten Fehlentscheidungen? Nun, im Prinzip ist es ein Freispruch aus Mangel an Beweisen. Auch dieser impliziert nicht, dass es nur die fehlenden Belege sind, die zum Freispruch führen, denn viele der Anklagen und Kritikpunkte lassen sich schließlich einfach nicht beweisen. Sicher, Smiths Befehl, noch einmal kurz Fahrt aufzunehmen, erscheint fast selbstmörderisch – doch er mag Gründe gehabt haben, die sich uns nicht mehr erschließen, die aber nicht falsch sein müssen. Und am Gesamtausgang hat sich dadurch wohl kaum etwas (zum Negativen) geändert. Letztlich wäre eine Verurteilung durch uns, die wir das Wissen über den Ausgang und noch dazu knapp 100 Jahre *Titanic*-Forschung zur Verfügung haben, geradezu anmaßend. Es gab auch keine Entscheidung der verantwortlichen Offiziere – wohlgemerkt, während des geschilderten Zeitraums –, die so gravierend falsch gewesen war, dass sie die Katastrophe massiv begünstigt hätte.

24 Schneebälle – Passagiere spielen auf Deck mit dem Eis vom Eisberg

Kurz nach dem Zusammenstoß mit dem Eisberg sagte ein Kartenspieler auf sein Whiskeyglas deutend zu einem anderen Gast, er möge schnell einmal nachsehen, ob nicht etwas Eis für sein Getränk abgebrochen sei. Diese unbestätigte, aber oft kolportierte Episode liefert Lawrence Beesley die Möglichkeit, darauf hinzuweisen, dass der Wunsch des Kartenspielers zu dessen Erstaunen vermutlich prompt hätte erfüllt werden können: »Das Vorderdeck war bedeckt von Eis«, die Brocken seien beim Zusammenstoß auf das Deck gefallen. Was vorhanden war, erregte jedenfalls die Gemüter an Bord – und zwar nicht nur auf den exklusiven Decks. Auch die Passagiere der dritten Klasse entdeckten die vermeintlichen Sprengsel vom großen Eisberg. Statt Panik brach Freude aus – Schneeballschlachten fanden statt.

Unglaubwürdig? Die Berichte über Spiele mit den herabgefallenen Eisbrocken sind Legion. Neben Beesley berichtet auch Archibald Gracie davon; nachdem ihm ein Bekannter erklärt habe, die *Titanic* sei auf einen Eisberg gestoßen, öffnete er seine Hand »und zeigte mir etwas Eis, flach wie meine Armbanduhr, dabei unterkühlt vorschlagend, ich möge es doch als Souvenir mit nach Hause nehmen«. Gracie hat hierauf wohl verzichtet.

Bestätigt ist das Eis so oft, dass keinerlei Zweifel an seinem Vorhandensein besteht. Die Berichte über Schneeballschlachten, Fußballspiele mit Eisklumpen oder das Einsammeln von Brocken als Souvenirs mögen im Einzelfall etwas zu fantasievoll sein, die zugrunde liegende Implikation, dass die Passagiere das herumliegende Eis als harmlos empfanden und daraus noch lange nicht auf eine beunruhigende Beschädigung des Schiffs schlossen, dürfte für einen Großteil zutreffen.

Liegt also allenfalls eine Übertreibung und kein Irrtum vor? Doch – nur liegt dieser an anderer Stelle. Die zahlreichen Augenzeugen stellten einen – aus ihrer Wahrnehmung heraus sehr plausiblen – Zusammenhang zwischen dem Eis an Bord und dem soeben gestreiften Eisberg her. Dem scheint der Augenschein auch sofort recht zu geben – nur: Ausschlaggebend ist der Einwand, dass der Eisberg kein Eis auf das Vorderdeck hätte abwerfen können. Die *Titanic*, ein enorm hohes Schiff, rammte den Eisberg ja nicht, sie streifte

Das A-Deck der Titanic, eine der einmaligen Aufnahmen des katholischen Priesters Browne

ihn. Ein direkter Kontakt mit dem Eisberg hätte das Vorschiff mehr oder minder schwer beschädigt. Insbesondere ragte dort eines der Rettungsboote so weit heraus, dass es nicht ohne Schaden davongekommen wäre. Aber nichts dergleichen wird erwähnt.

Es mag wirklich die ein oder andere Schneeballschlacht gegeben haben – nur eben nicht mit Eis vom Eisberg. Die *Titanic* fuhr schon seit längerer Zeit durch eine polare Umgebung. An Bord befanden sich genug Gegenstände, deren Kondenswasser in der kalten Luft längst gefroren sein musste. Es wäre also möglich, dass die Eisbrocken durch die Erschütterung des Aufpralls von den Masten, Antennen oder Schornsteinen herabgefallen sind. Auch dies ist nur eine Theorie, klären wird sich der Vorfall nicht mehr lassen.

Die Passagierin Elizabeth W. Shutes und der Ausguck Lee berichten noch etwas Auffälliges über den Eisberg: Er habe einen seltsamen Geruch abgegeben. Denn Eisberge pflegen zu stinken. In ihnen ist organisches Material eingeschlossen, das nach unzähligen Jahren wieder der frischen Luft ausgesetzt wird – und fault. Das mag man auf keinen Fall als Eiswürfel im Getränk haben. Ob man daraus Schneebälle formen oder Teile hiervon als Souvenirs einlagern möchte, ist auch eher fraglich. Die Eisspiele an Deck sprechen also ebenfalls gegen die Eisbergthese.

25 Save Our Souls – die *Titanic* ist das erste Schiff der Welt, das SOS funkt

Funk war eine neue Errungenschaft; erst um die Jahrhundertwende begann die Ausrüstung der Liniendampfer mit Funkstationen. Naturgemäß musste man sich auf allgemeingültige Regeln verständigen, um ein Chaos auf See zu vermeiden. Hierfür gab es unter anderem internationale Konferenzen, die Standards und Vorschriften ausarbeiteten.

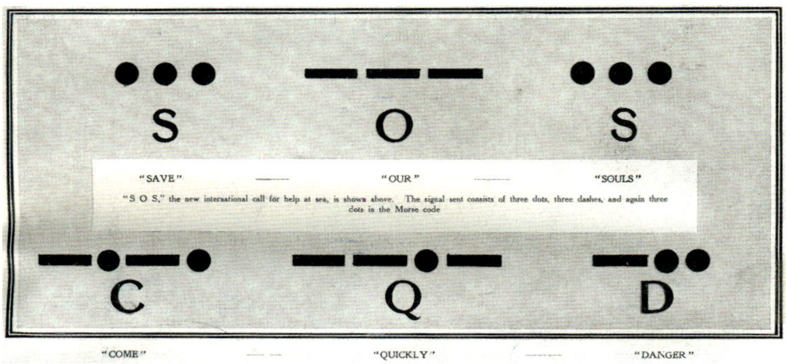

Die beiden wichtigsten Notsignale der internationalen Schifffahrt: SOS und CQD

Als die *Titanic* über den Ozean fuhr, hatte es eine weitere Neuerung gegeben: Das Notrufsignal war geändert worden. Hatte es vorher aus dem Kürzel CQD bestanden, das zwar nicht richtig, aber anschaulich als Abkürzung von »Come Quickly, Danger« (»Kommt schnell, Gefahr«) verstanden wurde, so hatte man sich nun auf das leichter zu funkende SOS geeinigt, das weltberühmte ··· ——— ··· (auch »Save Our Souls« ist nur eine Umschreibung). Nachdem der Kapitän die Funker gebeten hatte, einen Notruf abzusetzen, verwandten sie das noch üblichere CQD in Verbindung mit dem Kürzel für die *Titanic*, MGY. Smith kam offenbar noch ein weiteres Mal vorbei, um sich zu erkundigen, was die Funker sendeten, und Bride schlug vor, das neuere Signal SOS zu verwenden. Charles Pellegrino schildert diesen Moment wie folgt: »Ihr Schicksal vor Augen und lachend schrieben sich Bride und Phillips in die Geschichte der Seefahrt als die Ersten ein, die das Signal SOS jemals verwendeten.« Von der heiteren Stimmung im Funkraum berichtete Bride tatsächlich selbst, das ist der wahre Teil des Satzes. Doch die Umstellung auf das Signal SOS war von einer Konferenz bereits vier Jahre zuvor beschlossen worden; dass es bis dahin niemand verwendet haben sollte, ist allein deshalb unwahrscheinlich. Beide Kürzel wurden parallel benutzt, wie man an der Situation auf der *Titanic* gut erkennt, aber SOS setzte sich immer mehr durch, weil es viel eindringlicher war.

Zu ihrem Glück reagierte die *Carpathia*, deren Funker Cottam schon kurz davor war, wie der Kollege der noch näheren *Californian* seinen Dienst für den Tag zu beenden. Ein Notruf von der berühmten *Titanic*, einem »unsinkbaren« Schiff, kam ihm ähnlich seltsam vor wie dem Funker der *Frankfurt*, weshalb er zuerst nachfragte, dann aber sehr schnell handelte. Er benachrichtigte sofort seinen Kapitän und konnte der *Titanic* melden, dass die *Carpathia* schnellstmöglich Kurs auf sie nahm.

An eingehenden Hilfszusagen fehlte es nun nicht mehr, auch das Schwesterschiff der *Titanic*, die *Olympic*, bot sich an und eilte herbei – doch sie war viel zu weit entfernt, etwa 500 Meilen, um rechtzeitig vor Ort zu sein.

Nachdem Smith die Funker von ihrer Aufgabe entbunden hatte, gerieten beide in den Strudel der Katastrophe. Phillips blieb noch eine Weile am Funkgerät, dessen Signale aber nicht mehr verstanden werden konnten, Bride ging an Deck. Beide trafen sich wieder, denn sowohl Phillips als auch Bride hatten es nach dem Untergang des Schiffs geschafft, das gekenterte Rettungsboot B zu erreichen, allerdings mit letzter Kraft. Bride war lange im Wasser gewesen und hatte sich die Füße verletzt (vermutlich hatte er Erfrierungen), Phillips starb noch auf dem Boot. Trotzdem half Bride später seinem Kollegen Cottam von der *Carpathia*, indem er diesen ab und zu am Funkgerät ablöste.

Guglielmo Marconi

Der italienische Nobelpreisträger Guglielmo Marconi (1874–1937) ist einer der Erfinder des drahtlosen Funkverkehrs, den er auch geschäftstüchtig vermarktete. Die Funker auf der *Titanic* gehörten der privaten Marconi-Gesellschaft an. Diese hatte den Notruf CQD, der gerade durch das SOS ersetzt wurde, 1904 eingeführt. Marconi sagte vor beiden Untersuchungskommissionen aus und genoss sichtlich den Respekt von Vorsitzenden und Publikum. Unzweifelhaft hatten viele Überlebende von Schiffsunglücken ihre Rettung seiner Erfindung zu verdanken.

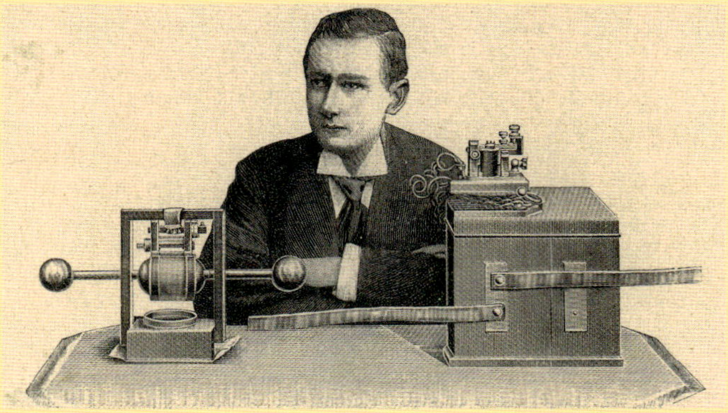

Guglielmo Marconi mit seiner Erfindung

26 Keine Nachbarschaftshilfe – die *Californian* liegt nur vier Meilen entfernt

Sonntag, 14. April 1912: Ein Dampfer fährt westwärts durch den Nordatlantik, das Wetter ist gut, aber es wird deutlich kälter. Mit hereinbrechender Nacht wird es dem Kapitän zu gefährlich, kurz nach 22 Uhr befiehlt er vollen Stopp; das Schiff hält an, rings umgeben vom Eis. Die Maschinen gehen im Leerlauf, kurze Zeit später zieht sich der Funker zurück, und auch der Kapitän gönnt sich nach einem anstrengenden Tag endlich etwas Ruhe.

Das Schiff ist die *Californian*, ein kleiner Dampfer mit etwas über 6000 Tonnen, 13 Knoten Höchstgeschwindigkeit, elf Jahre alt, 55 Mann Besatzung. Das Kommando führt Captain Stanley Lord, und dieser Captain Lord wird mitsamt seinem Schiff, für dessen Erhaltung er so viel Vorsicht walten lässt, *der* große Buhmann der *Titanic*-Geschichte. Lord, 35 Jahre alt, handelt für sein eigenes Schiff sehr umsichtig. Er nimmt die Eiswarnungen ernst, am Abend kann er sich selbst von ihrer Richtigkeit überzeugen. Eisberge sind zu erkennen, er verstärkt die Ausgucke am Bug und beschließt später, das Schiff keiner weiteren Gefahr auszusetzen, da man offenkundig in ein Eisfeld geraten war. Lord führt also mehrere Vorsichtmaßnahmen durch, die der Kollege Smith auf der *Titanic* unterlässt. Der Funker an Bord – der einzige – beendet seine Wache um 23.30 Uhr, der Kapitän begibt sich gegen Mitternacht zur Ruhe.

Wachhabender Offizier auf der Brücke der *Californian* war nun Herbert Stone, der Zweite Offizier, der den vorherigen Dritten, Charles Groves, ablöste. Groves gab später an, er habe in der Ferne kurz nach 23 Uhr ein voll beleuchtetes Schiff gesehen, das er deshalb für einen Passagierdampfer gehalten habe. Um 23.40 Uhr seien dessen Lichter aber verschwunden. Das habe ihn nicht überrascht, er habe vermutet, dass die Deckbeleuchtung gelöscht worden sei, ein üblicher Vorgang auf manchen Schiffen um diese Uhrzeit. Es war der Moment, in dem die *Titanic* auf den Eisberg traf und, so erklärte man es sich später, aus dem Blickfeld der *Californian* wegdrehte.

Ob man die *Titanic* tatsächlich so gut sehen konnte, bleibt eine offene und umso heißer diskutierte Frage. Denn eng damit zusammen hängt der für die – vorgebliche – Schuld der *Californian* wichtige Punkt, wie nah sie dem Unglücksort wirklich war. Lord hatte vor seiner Ruhepause die Position

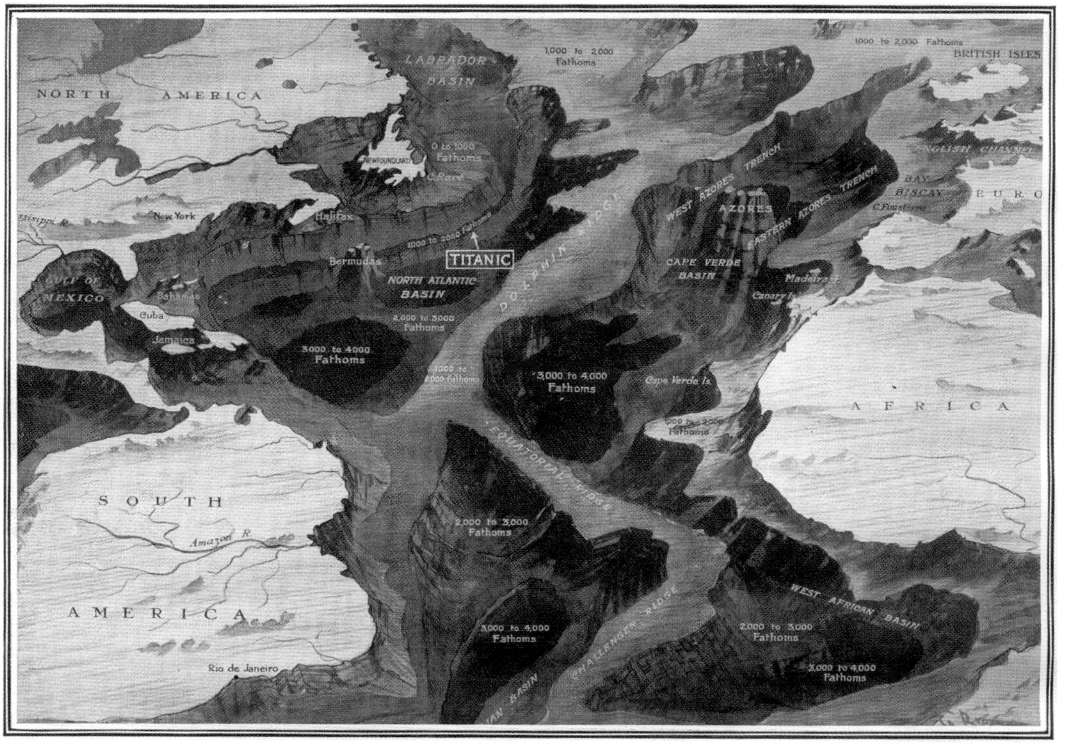

Eine eindrucksvolle Karte der Tiefsee mit dem Untergangsort der *Titanic*

berechnet. Danach war sein Schiff fast 20 Seemeilen von der Unglücksstelle entfernt – kaum möglich, dass man von dort aus die *Titanic* sehen konnte. Ein Heizer der *Californian*, Ernest Gill, sorgte mit seinen Behauptungen, die *Californian* habe nur etwa zehn Meilen entfernt gelegen und er habe sehr wohl das andere Schiff (und auch die Raketen) erkennen können, für Aufsehen. Über diese Distanz hätte die *Californian* recht schnell zu Hilfe eilen können – gut eine Stunde Fahrt zur möglichen Heldentat. Doch Gills Aussagen sind mit Vorsicht zu genießen. Seine Angaben halten einer kritischen Überprüfung nicht wirklich stand und lassen eher auf Differenzen innerhalb der Mannschaft schließen.

Wechselt man die Perspektive auf das untergehende Schiff, gerät die *Californian* ein weiteres Mal schwer in Verdacht. Sie war definitiv das einzige Schiff, von dem man mit Sicherheit behaupten kann, dass es sich in der Nähe des Unglücksorts aufhielt. Doch waren zahlreiche Gerüchte über ein Geisterschiff in Umlauf, das von Bord der *Titanic* und dann später aus den Rettungsbooten gesichtet worden sei. Die *Californian* war hierfür natürlich ein heißer Kandidat – doch dann hätte sie noch näher sein müssen als die zehn Meilen des Heizers Gill. Man munkelte gar von nur drei bis vier Seemeilen. Ernsthafte Grundlagen für solche Behauptungen gibt es nicht. Angeblich kehrte dieses Schiff irgendwann um und entfernte sich von der sinkenden *Titanic* – die *Californian* aber steckte unbeweglich im Eis fest.

27 Vorzeitiger Dienstschluss – die *Californian* ignoriert die Funkrufe

Die *Californian* steckte also vielleicht zehn, wohl eher 20 Meilen entfernt von der *Titanic* im Eis fest. Da ihre Maschinen gewissermaßen auf Standby waren, hätte sie, wie schon erwähnt, nach einem eingegangenen Notruf in bestenfalls einer oder eben zwei Stunden vor Ort sein können. Doch sie reagierte nicht auf die Funksprüche – das Gerät war abgeschaltet und nicht mehr besetzt. Cyril Evans, der Funker, hatte seinen Dienst annähernd genau zu dem Zeitpunkt beendet, als die *Titanic* ihre schicksalhafte Begegnung mit dem Eisberg hatte.

Captain Lord hatte ihn gefragt, mit welchen Schiffen in der Nähe er Kontakt aufgenommen habe, und Evans gab zur Auskunft, lediglich mit der *Titanic*. Lord beauftragte ihn, dieser noch eine Eiswarnung zu schicken, doch hatte er mit seiner Botschaft kein Glück. Er stieß zwar nicht auf taube, aber überlastete Ohren. Der Funker vom Dienst auf der *Titanic*, es war Phillips, fuhr ihn barsch an, er solle sich aus dem Funkverkehr raushalten, er, Phillips, habe wichtige Informationen mit Cap Race auszutauschen. Evans, was sollte er auch anderes tun?, brach die Übermittlung ab und beendete kurz darauf seinen Dienst für diesen Tag .

Evans wurde auch nicht wirklich beschuldigt, die Vorwürfe trafen Captain Lord. Dabei hatte sich dieser ein weiteres Mal umsichtig gezeigt, indem er Evans angehalten hatte, die Eiswarnung an die *Titanic* abzusenden. Der junge Funker betonte vor den Ausschüssen, er sei wegen Phillips' Reaktion keineswegs beleidigt gewesen, es sei schließlich Usus, dass größere Schiffe im Funkverkehr Vorrang hätten. Ob das nun Höflichkeit gegenüber einem Toten war oder tatsächlich der Fall, ist kaum relevant. Evans hat seinen Dienst später nicht quittiert, weil er angegriffen worden war, sondern weil er beendet war. Im Fall Phillips hinterlässt die Angelegenheit jedoch einen bitteren Nachgeschmack, denn die »wichtigen Nachrichten«, die er an Cap Race zu übermitteln hatte, waren private oder geschäftliche Telegramme von Passagieren. Das war normal, aber man möchte eine Eiswarnung doch für weitaus wichtiger halten. Phillips' Temperament war hier ähnlich wie später gegenüber der *Frankfurt* nicht gerade hilfreich.

Trotzdem klingt die Tragik des Ganzen, so schlimm sie ist, in vielen Berichten reichlich aufpoliert. In einer Art Parallelhandlung streift die *Titanic*

Captain Stanleys Lord von der *Californian*, einer der Buhmänner der Katastrophe.

in dem Moment den Eisberg, als nur ein paar Meilen entfernt der Funker auf der *Californian* sein Funkgerät abschaltet. Was, wenn Phillips sich zu dieser Zeit noch mit ihm über Funk unterhalten hätte oder er wenigstens noch in der Leitung gewesen wäre? Nichts. Denn Phillips war zu beschäftigt, er hatte von dem Aufprall nichts mitbekommen. Der Kapitän verständigte den Funkraum ja erst gegen 0.15 Uhr und bat, einen Notruf abzusetzen. Das aber war lange nach Evans' Dienstschluss.

Und es hätte das rechtzeitige Eintreffen der *Californian* deutlich erschwert. Im sehr unwahrscheinlichen Fall einer nur einstündigen Fahrtzeit hätte sie noch alle Passagiere und Besatzungsmitglieder retten können, bei zwei Stunden wäre sie zurecht gekommen, um der *Titanic* beim Versinken zuzusehen. Natürlich hätte sie trotzdem noch zahlreiche Menschen an Bord nehmen und somit retten können. All das unter der Voraussetzung, dass sie nicht von weiteren Eisbergen aufgehalten worden wäre, wie dies den anderen herbeieilenden Schiffen mehrfach geschah.

Zu denen gehörte auch – die *Californian*. Sobald der Funk wieder aktiv war und Nachrichten der *Frankfurt* und dann der *Virginian* sowie der *Mount Temple* eintrafen, die von dem Unglück ganz in der Nähe berichteten, machte sich Captain Lord auf, um Hilfe zu leisten.

28 Zuschauer auf der Brücke – die *Californian* ignoriert die Signalraketen

Kapitän Stanley Lord hatte sich zwar nach Mitternacht zur Ruhe begeben, doch einen erholsamen Schlaf auf dem Sofa im Kartenraum dürfte er nicht gefunden haben. Auf der Brücke war es zuvor noch zu einem Rätselraten gekommen um das von Groves gesehene Schiff in der Nähe, das sich so plötzlich um 23.40 Uhr abgewendet zu haben schien; Lord glaubte nicht, dass es sich um die *Titanic* gehandelt hatte, er vermutete noch andere Schiffe im Umkreis und trug somit zu den Gerüchten um das Geisterschiff bei.

Cyril Evans war komplett außer Dienst, doch der Kapitän als der Verantwortliche an Bord eines Schiffs ist stets in Rufbereitschaft. Natürlich mussten Captain Lord wichtige Ereignisse sofort mitgeteilt werden, und im Zweifelsfall hatte er das Kommando auf der Brücke wieder zu übernehmen, auch wenn dort erfahrene Offiziere standen. Er musste aber darauf vertrauen, dass diese Offiziere wussten, wann der Moment gekommen war, den Kapitän zurückzuholen.

Denn um 0.45 Uhr geschah auf See etwas Seltsames. Einerlei, ob der Zweite Offizier Stone das dazugehörige Schiff sah oder nicht, unzweifelhaft war am Himmel plötzlich eine explodierende Rakete zu erkennen. Was genau daraufhin auf der Brücke der *Californian* geschah, verliert sich in widersprüchlichen Aussagen. Anwesend waren Stone und der junge Matrose James Gibson. Gibson hatte offenbar vorher versucht, per Lichtsignal Kontakt mit dem vermuteten Schiff aufzunehmen, das darauf jedoch nicht reagierte. Auch Groves hatte dies während seiner Wache bereits erfolglos versucht. Stone schien dagegen von zwei verschiedenen Schiffen auszugehen (ein weiterer Beitrag zur Geisterschiffdebatte), denn er behauptete später, die Raketen seien von einem Schiff hinter dem vorher gesichteten gekommen. Wie auch immer – er meldete die Sichtung der Rakete dem Kapitän. Lord blieb jedoch liegen.

Auf der Brücke schien man nun damit beschäftigt, die Zahl der abgeschossenen Raketen zu zählen. Das ist wohl der kurioseste Moment und auch der einzige wirklich schwere Vorwurf, den man der *Californian* machen kann: Mindestens zwei Leute stehen auf der Brücke, darunter ein erfahrener Offizier und Seemann wie Herbert Stone, und schauen in die Nacht;

alle fünf Minuten steigt eine Rakete auf, irgendwo aus der Nähe abgefeuert. Stone äußerte sich später vor der britischen Untersuchungskommission auch noch verwundert darüber, dass die Geschosse nicht sehr hoch gestiegen sind – irgendein Zweifel, dass er sie nicht gesehen haben könnte, bestand also nicht. Aber was ging in ihm vor? Leuchtraketen auf See waren nun einmal ein Notsignal. Noch dazu wurden diese offenkundig in schöner Regelmäßigkeit abgeschossen, was den Signalcharakter noch ein weiteres Mal unterstrich, es konnte also kein Zufall sein. Stone und Gibson zählten brav mit – dann meldete Gibson wiederum dem Kapitän, dass das Feuerwerk nunmehr aufgehört hatte. Auch jetzt erfolgte keine erkennbare Reaktion.

Dieses Verhalten des Kapitäns ist merkwürdig. Wenn er nicht gleich auf die Meldung von der ersten Rakete wieder auf die Brücke gekommen wäre, sondern nur weitere Kontaktversuche befohlen hätte, wäre das noch akzeptabel gewesen. Dass er nach der weiteren Meldung von acht Raketen noch immer sein Schläfchen vorzog, ist unglaubwürdig. Lord hatte zuvor äußerst umsichtig und vorsichtig agiert; dass er ein so deutliches Notsignal ignorieren oder falsch interpretieren sollte, macht stutzig. Gibsons Aussagen wurden nicht angezweifelt, aber immerhin zeigt das Verhalten Stones, dass das Selbstverständliche nicht unbedingt auch selbstverständlich war. Auf die naheliegende Idee, Cyril Evans zu wecken, nachdem die Kontaktaufnahme per Scheinwerfer fehlgeschlagen war, kam offenbar niemand, weder Stone noch Gibson noch der Kapitän.

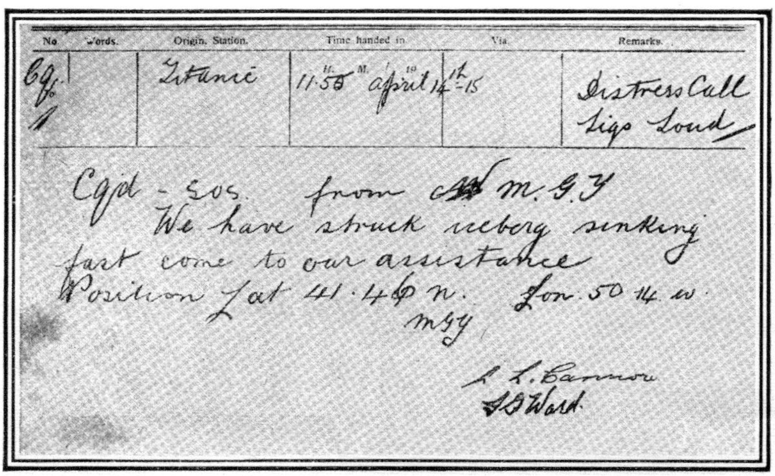

No.	Words.	Origin. Station.	Time handed in.	Via.	Remarks.
Cq 1		Titanic	11.55 April 14	14-15	Distress Call Sigs Loud

Cqd - SOS from MGY
We have struck iceberg sinking
fast come to our assistance
Position lat 41.46 n. lon 50 14 w.
MGY

Der Funker des russischen Schiffes *Birma* notierte den Hilferuf der *Titanic*.

29 Idiot! – das deutsche Schiff *Frankfurt* kommt nicht zu Hilfe

Britannia rules the waves – mit der Cunard Line besaß das britische Empire die Reederei mit den schnellsten Schiffen und mit der White Star Line diejenige mit den größten und luxuriösesten. Doch das schöne Bild trügt: Die White Star hatte den Kampf um die schnellsten Schiffe und damit das Blaue Band bereits aufgegeben, und eine britische Gesellschaft war sie auch nicht mehr: J. P. Morgans IMM hat sie längst geschluckt. Die *Titanic*, der Stolz der Nation, fährt unter britischer Flagge, aber unter einem amerikanischen Eigner. Und in Europa rüsten die Deutschen militärisch auch zur See auf. Spielte diese militärische Konkurrenz eine Rolle beim Untergang der *Titanic*? So mancher glaubt fest daran – und unkt sogar, eine kleine Episode aus der Unglücksgeschichte sei ein Vorbote kommender Ereignisse gewesen.

Gegen 0.15 Uhr trug der Kapitän den Funkern auf, einen Notruf abzusetzen. Eine Antwort ließ nicht lange auf sich warten – schon drei Minuten später, um 0.18 Uhr, funkte gut hörbar das deutsche Schiff *Frankfurt* zurück. Der erste Kontakt war nur kurz und verlief ungefähr so: Die *Titanic* bittet um Hilfe und gibt ihre Position durch, die Frankfurt meldet »Okay – bitte warten.« Ihre eigene Position gibt sie nicht an, die Funker der *Titanic* vermuten sie aber in der Nähe, da das Signal klar und deutlich ist. In der Zwischenzeit, während die *Frankfurt* verstummt ist, melden sich einige andere Schiffe, alle nicht in unmittelbarer Nähe, bis endlich auch die *Carpathia* Kontakt aufnimmt; es ist nun gegen 0.25 Uhr. Noch immer nichts von der *Frankfurt*.

Dann meldet sich das Schiff des Norddeutschen Lloyds wieder – und der folgende Dialog wurde legendär. Der Funker der *Frankfurt* scheint etwas begriffsstutzig, auch hat er offenbar den weiteren Funkverkehr nicht mehr verfolgt. Phillips bestätigt noch einmal, dass die *Titanic* auf einen Eisberg gelaufen sei und dringend Hilfe brauche. Der deutsche Kollege aber entgegnete nur seltsam dumpfsinnig: »Was ist los bei euch?« Da ist es mit der Höflichkeit des Briten vorbei, er beschimpft den Funker als Idioten und fordert ihn auf, aus der Leitung zu gehen, um andere Meldungen nicht zu stören. Die *Frankfurt* verstummt wieder.

Daraus wurde dann der böswillige Schluss gezogen, die Deutschen hätten nicht helfen oder die Briten sich aus Arroganz nicht von den Deutschen helfen lassen wollen und damit den Kampf um die Seeherrschaft im Ersten Weltkrieg quasi schon vorweggenommen. Diese These findet sich bei Charles Pellegrino. Phillips' Assistent Harold Bride – der die Episode in seinem Bericht offenbar für so unbedeutend hält, dass er sie gar nicht erwähnt – hatte eine andere, auch nicht gerade schmeichelhafte Erklärung: Der deutsche Funker habe seine Arbeit einfach nicht ausreichend beherrscht. Das wäre duchaus möglich, denn damals waren viele Funker sehr jung und erst neu in dem ebenfalls neuen Geschäft.

Werbung im Jugendstil der Zeit für den Norddeutschen Lloyd

All der nationale Streit spielte dabei keine Rolle. Vielleicht war der Funker beleidigt – was angesichts der schroffen Botschaften aus der Funkkabine der *Titanic* nicht unverständlich wäre –, und er unternahm keinen weiteren Versuch, sich der *Titanic* aufzudrängen. Trotzdem nahm die *Frankfurt* sogleich Kurs auf den sinkenden Luxusliner – und behielt diesen unbeirrt bei. Im Gegensatz zur Annahme der Funker an Bord der *Titanic* – was Philipps' Verhalten nicht gerade in gutem Licht erscheinen lässt, da er durch seine Ungeduld eventuelle nahe Hilfe vergrätzt hätte – war die *Frankfurt* allerdings sehr weit entfernt, etwa 150 Seemeilen. Das Signal war nur aufgrund der besseren technischen Voraussetzungen in der Nacht so klar gewesen. Sie traf erst um 10.50 Uhr an der Unglücksstelle ein, also viel zu spät, um noch sinnvoll eingreifen zu können. Immerhin hatte der Funker der *Frankfurt* offenkundig so auf seinen Kapitän eingewirkt, dass der deutsche Dampfer trotz aller britischen Beschimpfungen loseilte. Anders als mancher spätere Interpret ließ er sich nicht von irgendwelchen Animositäten leiten.

30 Das Geisterschiff – mehrere Schiffe befinden sich in kurzer Distanz

Geisterschiffe sind beliebtes Seemannsgarn, und diese gruseligen Geschichten wurden auch an Land so populär, dass sie es bis in die Hochkultur des Bildungsbürgertums geschafft haben, das Richard Wagners *Fliegendem Holländer* lauscht oder Wilhelm Hauffs *Gespensterschiff*. Diesen unheimlichen Seegefährten ist allerdings eines gemeinsam: Man möchte ihnen lieber nicht begegnen, für gewöhnlich verheißen sie Unglück. Nun, auch die *Titanic* traf auf ein Geisterschiff – oder gar mehrere davon –, jedoch das Unglück war längst geschehen. Deswegen erregte das mysteriöse Schiff keinerlei Schrecken, sondern Hoffnung auf Rettung.

In die Annalen der *Titanic* ging das oft gesichtete Objekt in der Nähe tatsächlich unter dem Namen Geisterschiff ein. Denn einen richtigen, sprich identifizierbaren Namen hat es nie bekommen. Hinzu kam, dass es eine ganze Reihe weiterer obskurer Eigenschaften aufwies: Es wurde von vielen gesehen, von anderen gar nicht. Es tauchte so abrupt auf, wie es verschwand, und vor allem blieb es in der ganzen Zeit stumm. Es ging kein Lärm von ihm aus, und es sendete keine Signale. Bis auf eine bestimmte Distanz kam es heran, aber nie so nah, dass es deutlich als Schiff erkennbar gewesen wäre. Es wechselte ständig Position, auch Größe und Richtung. Und vor allem: Es war Zeuge des Untergangs der *Titanic*, um dann laut- und spurlos zu verschwinden.

Es war der Vierte Offizier Boxhall, der das Geisterschiff offenbar als Erster von der Brücke aus gesichtet hat. Laut seiner Auskunft sah er in etwa fünf Meilen Entfernung durch sein Fernglas die Lichter eines anderen Schiffs. Captain Smith schien eher skeptisch, befahl aber trotzdem, mit dem Abschießen von Signalraketen zu beginnen und über Scheinwerfer zu morsen. Boxhall und der hinzugekommene Rudergänger Rowe kümmerten sich um beides. Es war 0.45 Uhr, als die Leuchtraketen in Richtung des vermuteten Schiffs abgeschossen und die Morsesignale ausgesandt wurden. Reaktion erfolgte von dort keine, Boxhall glaubte allerdings mögliche Signale erkannt zu haben, war sich dessen aber nicht sicher; jedenfalls reagierte das Schiff nicht mit Annäherung.

Was wäre gewesen, wenn … Schnell gab es allerlei Spekulationen, natürlich auch über die Geisterschiffe.

Die Unsicherheit über das mögliche Schiff in der Nähe beseitigte der Kapitän vordergründig durch seinen Befehl an die Kommandanten der Ret-

Ships which Might have Rescued Everyone on the "Titanic" if Events had only Been a Little Different.

DRAWN FOR "THE SPHERE" BY G. H. DAVIS

THE APPROXIMATE POSITIONS OF NEIGHBOURING SHIPS AT THE TIME OF THE "TITANIC" DISASTER

In those fatal hours when the *Titanic* was slowly sinking it has been proved that she was surrounded by a number of steamers. One ship, the *Californian*, of the Leyland line, lay in the same ice field as the ill-fated ship, only 19½ miles away, but her engines were stopped and her wireless operator not on duty and so never knew of the disaster until too late. Again, two miles south of her was a tramp steamer not fitted with wireless whose name cannot at present be discovered. Thirty-two miles south was the *Carpathia*, the first vessel to reach the grave of the *Titanic* and to rescue the survivors. South of her was the North German Lloyd boat, *Frankfurt*, and one hundred miles south-west of the wreck the Russian steamer, *Birma*. North of the Russian the Canadian Pacific steamer, *Mount Temple*, was fifty miles in a direct line from the *Titanic*, but separated from her by the great ice floe that proved so fatal to the gigantic White Star boat. A small schooner, probably fishermen from the Banks, was also passed by the *Mount Temple* quite close to the scene of the catastrophe. The floe was sixty-nine miles long and twelve miles wide, and was surrounded by a mass of gigantic bergs, particularly on the fatal north-east side. Other boats in the neighbourhood were the twin sisters, *Parisian* and *Virginian*, approximately 150 to 200 miles away, whilst 300 miles to the south-east was the *Baltic*, and 560 miles to the west the *Titanic's* sister ship, *Olympic*. The circles upon the drawing give an idea of the range of the wireless instruments of the various ships. Only a small section of the wide radius of the *Titanic's* instruments can be given; the *Virginian* has a small range and the other vessels still weaker transmitting plant. The *Birma* was fitted with the De Forrest system.

tungsboote, auf die ausgemachten Lichter zuzuhalten. Dies führte – nach den Diskussionen auf der Brücke – zum zweiten großen Kapitel in der Geschichte des Geisterschiffs. Nun waren es die Rettungsbootinsassen, die am Horizont in weiter Ferne immer wieder das eine oder andere Schiff erblickten. Dies hatte Folgen, die Lawrence Beesley, der in Boot Nummer 13 saß, anschaulich schildert: »Wir fuhren einen Zickzackkurs; wir folgten einmal diesem Licht, dann einem anderen, manchmal einem Stern und manchmal dem Licht eines Rettungsboots von der Backbordseite, das sich von der *Titanic* in entgegengesetzter Richtung wegbewegt hatte und nun fast in unserem Horizont lag.«

Beesley selbst schien unsicher – er war alles andere als ein Seemann –, ob unter all den Lichtern nicht wirklich einmal diejenigen eines echten Schiffs waren, denn an anderer Stelle beschreibt er das gleiche Phänomen, das auch Boxhall und Rowe wahrnahmen: Das unbekannte Schiff drehte ab und verschwand (womit nicht gesagt sein soll, dass Boxhall und Rowe das gleiche Schiff meinten wie Beesley). Trotzdem feuerten sie noch längere Zeit ihre Signalraketen in die Dunkelheit.

Doch natürlich gab es in den Booten auch erfahrene Seeleute, die als Bootsführer dienten. Auch diese hatten Lichter gesehen und nahmen Kurs darauf, wie es Beesleys Bootsführer ja ebenfalls getan hatte. George Symons bestätigte die Sichtung. Er steuerte mit seinem völlig unterbesetzten Boot auf das vermeintliche Schiff zu, desgleichen der Rudergänger Hitchens. Beide sind nicht gerade, um es vorsichtig auszudrücken, die verlässlichsten Zeugen, da sie schwer unter Verdacht standen, den auf der *Titanic* Zurückgelassenen mit ihren nur schwach besetzten Booten nicht zu Hilfe geeilt zu sein; da konnte sich die Aussicht auf ein Schiff in der Nähe, das es zu erreichen galt, als gute Ausrede erweisen. Man darf immerhin davon ausgehen, dass die Lichter so etwas wie eine psychologische Motivierung oder Trost hervorriefen, sowohl an Bord der sinkenden *Titanic* als auch in den Rettungsbooten draußen auf dem Wasser. Das Zusteuern auf ein vermeintlich rettendes Schiff ganz in der Nähe gab immerhin Hoffnung, und vielleicht war das auch schon Grund genug für Captain Smith, den Bootsführern die Anweisung mitzugeben, sich an diesen Lichtern zu orientieren. Irgendwann waren allerdings keinerlei

Ein klassisches Geisterschiff: Illustration zu Wilhelm Hauffs Märchen *Das Gespensterschiff*

Lichter mehr zu sehen, nicht von der *Titanic* aus, wie etwa der Steward Edward Brown bestätigte, der sich noch gegen zwei Uhr an Bord befand, und auch nicht aus den Booten.

Naturgemäß geriet die *Californian* in Verdacht, das in der Nähe liegende und dann abdrehende Schiff gewesen zu sein; noch naturgemäßer, möchte man sagen, kam es zu allerlei Spekulationen und Verschwörungstheorien, um wen es sich bei dem Geisterschiff wohl gehandelt haben mag – und warum es nicht eingriff. Gerade die *Californian* selbst hatte eine ganze Reihe von Beobachtungen gemacht, die auf andere Schiffe hindeuteten (wobei die Annahme der Existenz eines weiteren nicht helfenden Schiffs natürlich die *Californian* zumindest ein wenig entlastet hätte). Diese freilich verhielten sich ähnlich seltsam wie das von Boxhall vermeintlich gesichtete: Sie kurvten auf See herum, reagierten nicht auf irgendwelche Signale, und irgendwann drifteten sie davon und waren nicht mehr zu sehen. Noch einmal am frühen Morgen wollten die Leute auf der Brücke ein Schiff in der Nähe gesichtet haben, einen Dampfer mit nur einem Schornstein, aber da war die *Titanic* schon längst gesunken und die *Carpathia* herbeigeeilt. Nähere Untersuchungen gab es wohl nicht, da sich die Diskussion über die *Californian* stark darauf konzentrierte, ob die Offiziere dort die *Titanic* gesehen hatten, nicht irgendwelche Geisterschiffe – der Verweis auf solche musste stets als eine Art Ablenkung vom eigenen Versagen verstanden werden, da die *Californian* schließlich in vielen Augen der Sündenbock schlechthin geworden war.

In den 1960er-Jahren tauchte das sensationelle Bekenntnis eines norwegischen Kapitäns auf, er sei der Kommandant des lange gesuchten Geisterschiffs gewesen. Hendrik Naess, Kapitän der *Samson*, eines kleinen Fischerboots, behauptete, in dem Unglücksgebiet in jener Nacht illegal Seehunde gejagt zu haben, weshalb er auch wenig Interesse hatte, auf sich aufmerksam zu machen – auch dies bestenfalls eine »Ente«.

Das Rätsel um das Geisterschiff – oder die Geisterschiffe – bleibt spannend und ungelöst und ein liebevoll gepflegtes Hobby für *Titanic*-Enthusiasten. Allerhand Motive für das sonderbare Verhalten des Geisterschiffs wurden gesucht: illegale Fischer wie etwa der Kapitän Naess, funklose Dampfer (die dann aber auch die Morsesignale und Raketen ignoriert haben mussten), pure Ignoranz oder Fehlinterpretationen (Feuerwerk auf der feierfreudigen *Titanic*). Die Wahrscheinlichkeit, dass aus dem Geisterschiff 100 Jahre nach dem Unglück noch einmal ein konkretes Schiff mit Namen wird, ist minimal. Umso mehr wird es wie gutes altes Seemannsgarn in Erzählungen und Geschichten weiterleben.

31 Ein Feuerwerk – die *Titanic* verschießt die falschen Signalraketen

Um 0.05 Uhr befahl Captain Smith, die Rettungsboote klarzumachen, etwa zehn Minuten später ging er zu den Funkern und ordnete an, einen Notruf abzusetzen. Erst sehr spät, zur gleichen Zeit, als bereits das erste Rettungsboot von der *Titanic* herabgelassen wurde, kam man auch auf die Idee, ein optisches Notsignal anzuwenden: Raketen. Natürlich könnte sofort der Einwand kommen, dass dies sinnlos war, da sich kein weiteres Schiff in Sichtweite befand – doch die Diskussion um das Geisterschiff zeigt, dass an Bord viele Leute davon überzeugt waren, eben doch Schiffe in der Nähe erkannt zu haben.

Auch große Tragödien wie ein Schiffsuntergang mit über 1500 Toten können ihre komödiantischen Elemente haben – so die Geschichte des Rudergängers George Rowe, der die Achterwache zu versehen hatte. Es ist gegen 0.45 Uhr am Montagmorgen, als er plötzlich seinen Augen nicht mehr traut. Sofort ruft er über sein Telefon direkt auf der Brücke an: ob man denn wisse, dass sich an Steuerbord ein Rettungsboot losgerissen habe! Der Mann auf der Brücke musste das für einen sehr üblen Scherz halten und trägt Rowe auf, Leuchtraketen zu organisieren. Damit ging Rowe in die Annalen der *Titanic*-Geschichte ein als der Mann, der als Letztes von dem Unglück erfuhr. Ob das so stimmt, sei dahingestellt, wenn es nicht wahr ist, ist es hübsch erfunden. Richtig plausibel ist es nicht: Rowe hätte von der Kollision nichts oder nur wenig mitbekommen und den Eisberg an Steuerbord komplett übersehen oder für nicht erwähnenswert halten müssen. Immerhin hat er sich in der folgenden Stunde scheinbar keine Gedanken darüber gemacht oder nachgefragt. Das erste Rettungsboot, das Rowe gesehen haben will, wurde ja fast zeitgleich mit dem Abschuss der ersten Signalraketen von Bord gelassen, der Rudergänger konnte es folglich kaum bemerkt haben.

Denn Rowe war, das steht fest, direkt daran beteiligt, die Raketen abzuschießen – dieser Teil der Geschichte ist also wahr, er war beauftragt, die Notraketen zu suchen. Sollte er den Auftrag per Telefon erhalten haben, musste ihm wohl klar sein, was das zu bedeuten hatte: gefierte Rettungsboote, ausgeschickte Notsignale; Rowe war Seemann genug, um diese Zeichen zu deuten.

Alles andere als ein fröhliches Feuerwerk: die Signalraketen in James Camerons Filmversion

Als die Leuchtraketen schließlich abgefeuert wurden, dürfte es dann auch der unerfahrensten Landratte nicht schwer gefallen sein, deren Bedeutung zu verstehen. 0.45 Uhr: »Und mit einem erschrockenen Seufzer entkam den Lippen der Menge ein einziges Wort: ›Raketen!‹ Jeder wusste, was Raketen auf See bedeuteten« – so Lawrence Beesley.

Rowe und der Vierte Offizier Boxhall schossen nun alle fünf Minuten eine neue Rakete ab, von 0.45 bis um 1.20 Uhr. Ob diese jemals gesehen wurden, ist Teil der Kontroversen um die *Californian*; ungeklärt ist auch die Frage, welche Art von Leuchtsignalen abgeschossen wurden: Waren sie weiß oder farbig? Die überwiegende Mehrheit der Zeugen erinnert sich an weiße Raketen, doch der eine oder andere will auch farbige beobachtet haben. Wie auch immer – es war nebensächlich. Es gab keine Vorschriften in dieser Hinsicht. Raketen auf See waren Notsignale, nur in speziellen Fällen wurden sie als eine Form von Ersatzkommunikation benutzt. Aber wie selbst Beesley wusste, kein Schiff schoss seine Leuchtraketen ohne Not ab.

Darum sind die Erklärungen, andere Schiffe – wenn es denn welche gab – hätten nicht reagiert, weil es die falschen Raketen gewesen seien oder, noch besser, weil sie dachten, die dekadente *Titanic* veranstalte ein Feuerwerk, reiner Humbug. »Falsche« Raketen konnte man gar nicht verschießen, und ein Feuerwerk um ein Uhr nachts mit jeweils einer einzigen Rakete alle fünf Minuten war unmissverständlich.

32 Freie Plätze – die Rettungsboote werden zu früh und leer abgelassen

20 Rettungsboote mit einer Kapazität, die gerade ausreicht, um 1178 Personen zu retten, und damit über 1000 Menschen zum Verbleib an Bord des sinkenden Schiffs verurteilt. In den Booten befanden sich allerdings nur knapp über 700 Personen, als die *Carpathia* sie auffischte, also annähernd 500 weniger als möglich – eine nicht nur beachtliche, sondern im wahrsten Sinne des Wortes tödliche Differenz. Wie konnte es dazu kommen?

Um fünf Minuten nach Mitternacht hatte Captain Smith den Befehl erlassen, die Rettungsboote klarzumachen und mit Frauen und Kindern zu füllen – er wird gewusst haben, dass die Plätze nicht für alle reichen würden; hinter der noblen Fassade der Order, die nicht zu kritisieren ist, stand damit gleichzeitig ein Todesurteil für die überwiegende Mehrheit der Männer und den größten Teil der Besatzung. Immerhin, einige Besatzungsmitglieder konnten damit rechnen, für die Steuerung und Führung der Boote eingesetzt zu werden, doch leider gab es hierfür keine Pläne, geschweige denn konkrete Zuordnungen. Damit beginnt die Reihe katastrophaler Fehler beim Bemannen der Boote: Teilweise erwies es sich als schwierig, geeignete Seeleute (Rudergänger, Matrosen) zu finden, und man griff aus Verlegenheit auf unerfahrene Stewards oder Heizer zurück, wenn nicht gar auf den einen oder anderen männlichen Passagier.

Nun, man hätte vorher einfach einmal üben sollen. Dann wäre auch der zweite gravierende Fehler wohl nicht geschehen: Die Offiziere hatten keine Erfahrung mit den neuen Davits und den Rettungsbooten. Sie bezweifelten, ob die Halterungen tatsächlich die veranschlagte Passagierzahl tragen konnten, und befürchteten, die Boote könnten kentern, wenn man sie bis an die Grenzen ihrer Tragfähigkeit besetzte. Deshalb agierten sie aus Vorsicht besonders zu Beginn sehr zögerlich, was die Ausnutzung der freien Plätze anging. Sei es dank der erfolgreichen Fierungen, sei es wegen des Heranströmens von immer mehr verängstigten Passagieren, im Laufe der Zeit wurden die Zahlen erhöht, bis man die vorgesehene Ladekapazitäten sogar übertraf – und nichts passierte. Bittere Ironie also: die Davits und Boote waren fähig, mehr Passagiere als vorgesehen zu tragen.

40 Minuten nach Erteilung des Befehls ging das erste Boot zu Wasser. Der Erste Offizier Murdoch und der Fünfte Offizier Lowe kontrollierten das Be-

laden auf der Steuerbordseite, der Zweite und der Sechste Offizier, Lightoller und Moody, gegenüber auf der Backbordseite.

Die ersten beiden Boote an Backbord waren lächerlich schlecht besetzt, jeweils mit gerade 28 Personen, darunter nur ein männlicher Passagier, Major Arthur Peuchen, der zur Ergänzung der Crewmitglieder zugelassen wurde. Lightoller und Moody fehlte noch das Vertrauen in die Tragfähigkeit von Davits und Booten, und sie schienen auch nicht darauf warten zu wollen, bis weitere Passagiere auftauchten. Das Interesse war wohl bis dahin nur zurückhaltend, die Gefahr schien noch nicht so groß, um sich freiwillig von dem unsinkbaren Riesendampfer in das unsicher erscheinende Boot zu begeben. Wie das Beispiel Peuchens zeigt, war in dieser Phase auch wenig von der Besatzung zu sehen.

»A Night to Remember« für Commander Lightoller in der Verfilmung des Klassikers von Walter Lord, 1958

Doch es wird besser, das nächste Boot ist gut besetzt, etwa 55 Personen haben darin Platz genommen, und nach ersten Schwierigkeiten bekommt man auch ein paar Besatzungsmitglieder zusammen, wenn auch zur Hälfte Stewards und Heizer.

Auf der Steuerbordseite war es im Übrigen nicht viel anders, Murdoch und Lowe beluden anfangs ähnlich zögerlich ihre Boote, doch mit dem Unterschied, dass sie schneller und flexibler agierten. Wenn keine Frauen und Kinder mehr in Sicht waren, ließen sie auch anwesende Männer zusteigen. Trotzdem waren die ersten Boote unterbesetzt, oft blieben mehr als 20 Plätze frei. Als der Fünfte Offizier Lowe auf Befehl seines Vorgesetzten Murdoch selbst das Kommando über eines der Rettungsboote übernahm, hatte sich die Situation bereits geändert. Im Boot waren etwa 60 Personen, und nun wollten noch mehr zusteigen oder gar hineinspringen. Dies war der Moment, in dem Lowe seine Waffe zog, um sie zurückzuhalten. Murdoch schien von diesem Zeitpunkt an auch nicht mehr an der Tragfähigkeit der Boote zu zweifeln. Denn auf seiner Seite waren sie nun komplett besetzt oder sogar mit bis zu 70 Personen gefüllt, fünf mehr als erlaubt.

Auch die Möglichkeiten der so genannten Engelhardt-Boote (eine bestimmte Bauart von Rettungsboot) wurden vollständig ausgenutzt, allerdings boten sie nur Platz für 40 Menschen, und eines von ihnen ließ sich nicht rechtzeitig klarmachen. Trotzdem hat es nach dem Untergang des Schiffs – es war immerhin noch gelungen, das Engelhardtboot aus der Verankerung zu lösen – mehrere Menschenleben gerettet. Denn es war Anlaufstelle zahlreicher Schwimmer, kurz nachdem die *Titanic* unter der Wasseroberfläche verschwunden war. Das Boot lag allerdings kieloben, und der Kampf um die wackligen Stehplätze wurde alsbald mit harten Bandagen geführt. Die Geretteten – darunter Lightoller, die Funker Phillips und Bride sowie Archibald Gracie – wehrten um des eigenen Überlebens willen so manchen Herankommenden ab, da das Boot zu kentern drohte. Nur mit Disziplin und unter Einhaltung einer strengen Balance gelang es überhaupt, sich bis zum Eintreffen der *Carpathia* über Wasser zu halten.

H. M. Enzensberger, *Der Untergang der Titanic*, Zweiter Gesang: »Das Zwischendeck / versteht kein Englisch, kein Deutsch, nur eines / braucht ihm kein Mensch zu sagen zu erklären: / daß die erste Klasse zuerst drankommt, / daß es nie genug Milch und nie genug Schuhe / und nie genug Rettungsboote für alle gibt.«

Die Anzahl schlecht gefüllter Boote war also, wie die Zahlen zu Beginn ja schon offenbarten, beträchtlich. Als die Rettungsaktion anlief, waren sich die Passagiere, aber auch Teile der Besatzung der tödlichen Gefahr noch nicht wirklich bewusst. Die besten Zugangsmöglichkeiten zu den Booten hatten, wie geschildert, die Passagiere der Ersten Klasse, aber gerade diese hatten auch wieder allerhand Vorbehalte gegenüber den ihnen zugemuteten Unbequemlichkeiten, bevor sie realisierten, dass es sich nicht um eine

Übertreibung seitens der Offiziere handelte. Es erscheint geradezu grotesk, dass der Fünfte Offizier Lowe – der auf jener Seite einteilte, die auch Männern im Zweifelsfall einen Platz gewährte – auf seinen Ruf »Wer ist der Nächste für dieses Boot?« keine Antwort bekommen haben soll. Es ist auch nachvollziehbar, dass die Verantwortlichen nicht ewig warten wollten, bis sie jemanden fanden, der sich retten lassen wollte, und das Boot deshalb mit freien Plätzen fierten; sie konnten nicht wissen, wie viel Zeit ihnen insgesamt noch bleiben würde. Und gerade auf der Backbordseite erschwerte die Schlagseite, die das Schiff hier höher steigen ließ, zunehmend die Fierung. Um 2.05 Uhr legte das letzte Boot regulär von der *Titanic* ab, eine Viertelstunde vor ihrem Untergang.

Der echte Commander Charles Lightoller, Zweiter Offizier der *Titanic* und einer ihrer Helden

Der Vorwurf, halb leere Boote hätten die *Titanic* verlassen, ist insgesamt nicht von der Hand zu weisen. Ob das in einigen Fällen voreilig geschah, ist schwer zu beurteilen, dem Zeitablauf nach darf man es eher verneinen. So wurde ja auch beispielsweise bis zum Schluss versucht, das verklemmte Engelhardt-Boot klarzumachen. Ein maßgebliches Problem war die Unsicherheit der Offiziere in der Handhabung der Boote und natürlich der fehlende Plan für solch eine Rettungsaktion überhaupt. Beides hatte seine Ursache wohl in einer gewissen Sorglosigkeit oder Arroganz, die aus all der Propaganda über die angebliche Unsinkbarkeit der *Titanic* bewusst oder unbewusst entstanden war. Verzeihlich ist das nicht.

Vorzuwerfen ist dies sowohl der Schiffsführung als auch der Reederei – vielleicht auch den Behörden, die auch hier einmal mehr ihre Laschheit in der Gesetzgebung oder wenigstens der Überprüfung demonstrierten –, nicht unbedingt den einzelnen Offizieren. Diese erwiesen sich wenigstens noch während der Rettungsaktion als lernfähig. Man möchte nicht wissen, was in Murdoch vorging, als ihm bewusst geworden war, dass so ein Boot auch gut 70 Leute tragen konnte, während zu Beginn einige mit nicht einmal 30 Personen an Bord losgeschickt worden waren.

33 Geschlechtertausch – männliche Passagiere verkleiden sich als Frauen

Es ist nicht leicht, Überlebender einer Schiffskatastrophe zu sein. Dies gilt nicht nur für verständliche psychologische Erschütterungen, unter denen fast jeder zu leiden hat, der einem wie auch immer gearteten Unglück entkommen ist. Im Fall der *Titanic*-Katastrophe gab es allerdings noch eine eher unerwartete Form, die das Zurückkehren in die Normalität erschwerte, und sie betraf ausschließlich die männlichen Überlebenden.

Da allgemein bekannt war, dass der Kapitän angeordnet hatte, zuerst Frauen und Kinder zu retten, aber längst nicht alle Frauen und Kinder gerettet worden waren, begegnete plötzlich jeder männliche Überlebende wenn nicht dem offenen Vorwurf – wie etwa der Reeder J. Bruce Ismay oder Duff Gordon –, so doch dem unausgesprochenen Misstrauen, er habe sich womöglich auf Kosten der Schwächeren Zutritt zu den Rettungsbooten verschafft. Der Argwohn traf Passagiere und Besatzung gleichermaßen. Letztere hatte ja eine relativ hohe Quote an Überlebenden, was natürlich darauf zurückzuführen war, dass die Boote immer auch mit Teilen der Crew bemannt werden mussten, um sie zu führen und zu bedienen (wobei viele der hierfür eingesetzten Mannschaften nicht unbedingt geeignet waren, etwa Stewards und Spüler, deren Anteil allerdings nicht auffällig hoch ist).

Aus den Gerüchten von den selbstsüchtigen Männern entstanden zwei hartnäckig kolportierte Legenden, die sich überdies widersprechen: jene von Schießereien an Bord, um panische Passagiere aufzuhalten, und von den Männern, die sich nicht scheuten, Frauenkleider anzulegen, um sich so einen Platz in einem der Boote zu sichern.

Seltsamerweise ist die Geschichte immer wieder dieselbe, egal welcher Mann beschuldigt wird, in die Frauenrolle geschlüpft zu sein. Entdeckt wurde derjenige immer erst im Rettungsboot – also zu spät, was natürlich der Logik entspricht, sonst hätte er nicht überleben und nun angeklagt werden können. Auch der wiederkehrende Ausdruck, der Betroffene habe sich in »Frauenkleidern« gerettet, suggeriert ein völlig falsches Bild. Tatsächlich ist auch bei den geäußerten Vorwürfen stets nur von einem Damenschal die Rede. Diesen umzulegen und so verborgen inmitten einer Menge von Frauen unbemerkt mit ins Boot zu gelangen, klingt einigermaßen plausibel,

Der Zweite Offizier Lightoller antwortete auf die Frage der amerikanischen Untersuchungskommission, ob es sich bei »Frauen und Kinder zuerst« um eine übliche Seemannsregel handele: »Nein, es handelt sich um eine Regel der menschlichen Natur.«

ist es aber nicht. Die Geschichte mit den schaltragenden Männern ist leicht zu erklären: In den Rettungsbooten wurden solche gewissermaßen mobilen Kleidungsstücke ausgetauscht und weitergereicht an Passagiere, die aufgrund ungeeigneter Garderobe nicht genügend vor der Kälte geschützt oder völlig durchnässt waren. Frauen, denen ein Jackett umgelegt wurde, waren hinsichtlich eines unberechtigten Zugangs zum Rettungsboot unverdächtig, ein Mann mit Seidenstola war es dagegen nicht.

Der Fitnessraum auf der *Titanic* bot auch den Frauen Gelegenheit zur Körperertüchtigung.

Und doch. Wieder war es der Fünfte Offizier Lowe, der schon für das Gerücht über die Schießereien mitverantwortlich war, der in seiner Aussage vor dem amerikanischen Untersuchungsausschuss berichtete, er habe in seinem Boot eine Art blinden Passagier entdeckt, der einen Schal über dem Kopf und »vermutlich« einen Rock getragen habe. Lowe, der ansonsten tadellos agierte, wird allerdings verdächtig, wenn er diesen kuriosen Transvestiten als »Italiener« charakterisiert. Ganz Kind seiner Zeit, sind Südländer für ihn als Briten faule und leichtfertige Menschen und deshalb zu allem fähig. Es ist dieses Klischee, das auch ebenjene Literaten wieder aufgreifen, die schildern, wie sich Köche als Frauen verkleidet retten, denn auch diese Köche sind Franzosen oder Italiener. Lowes Aussage steht so im Raum, weder bestätigt noch widersprochen, der »Italiener« bleibt ohnehin unidentifiziert. Alle anderen, denen das peinliche Gerücht nachgesagt wurde, sie hätten sich buchstäblich »verkleidet«, konnten sich von dem Vorwurf befreien. Offiziell wenigstens. Etwas bleibt ja immer hängen.

34 Chaos – Panik bricht aus an Bord

Es ist eine unschön gefühlskalte, jedoch von ihrem Ergebnis her wenig überraschende Rechnung, wenn man die Faktoren addiert, die seit der Kollision der *Titanic* mit dem Eisberg für jeden Menschen an Bord Geltung hatten: erstens ein relativ schnell sinkendes Schiff, zweitens eindeutig zu wenig Platz in den Rettungsbooten und drittens weit und breit keine Hilfe durch herannahende Schiffe in Sicht. Kurzum: eine aussichtslose Situation.

Wer sich also jetzt noch an Bord befand, hatte allen Grund, in Panik auszubrechen. Roman und Film haben dies aufgegriffen, denn das Gefühl ist auch mit einfachster Küchenpsychologie nachzuvollziehen. Allerdings konzentrieren sich die Schilderungen von hysterischen Ausbrüchen, gewaltsamen Versuchen, das eigene Leben auf Kosten anderer zu retten, und über Zusammenrottungen von Passagieren, um Offiziere zu überwältigen, fast ausschließlich auf den vermeintlichen Kampf um die Plätze in den Rettungsbooten. Das ist verständlich, schließlich bestand dadurch eine realistische Überlebenschance.

Erneut zeigt sich hierbei die klassengeprägte Sicht der Berichterstatter. In den literarischen und filmischen Interpretationen des Untergangs sind es fast ausschließlich die Zwischendeckpassagiere, die panisch oder brutal reagieren. Natürlich gibt es auch den einen oder anderen verschlagenen Plutokraten – Männer, die das Vorrecht der Frauen und Kinder nicht akzeptieren wollen –, aber insgesamt ist es doch die undisziplinierte Masse aus den Unterschichten, die sich physisch durchsetzen möchte.

Zweifellos war das Verhalten der Passagiere der ersten und zweiten Klasse, die aufgrund der Kabinenanordnung leichteren Zugang zum Bootsdeck hatten, überwiegend vorbildlich insoweit, als sie die Ruhe bewahrten. Lawrence Beesley betont, dass nach dem Zusammenstoß keinerlei Anzeichen von Panik oder Hysterie zu erkennen gewesen seien – was ihn nicht verwundert, denn noch habe niemand irgendeine Art von Gefahr empfunden. Beesley liefert insgesamt eine sehr gute Schilderung des Verhaltens der Passagiere während der wenigen Stunden bis zum Besteigen der Rettungsboote und erweist sich einmal mehr als zuverlässiger Beobachter.

Auch ihm war klar: Spätestens von dem Zeitpunkt an, da die Passagiere aufgefordert wurden, Schwimmwesten anzulegen und die Rettungsboote zu

Ein dramatischer Moment in einer zeitgenössischen Darstellung: Ein Rettungsboot senkt sich auf das andere.

besteigen, wuchs die Gefahr, dass die noch immer erstaunlich indifferente Gelassenheit an Bord in panische Hysterie umkippte. Aber nichts dergleichen geschah. Im Gegenteil: Trotz nachdrücklicher Aufforderung durch die Offiziere war die Bereitschaft, in die Rettungsboote zu gehen, eher gering. Es schien geradezu unvernünftig, vom scheinbar sicheren »unsinkbaren« Schiff in solch eine wacklige Nussschale zu wechseln. Der Dampfer zeigte lange nur geringfügige Symptome, die auf das Ende schließen ließen – leichte Schlagseite und natürlich das Stoppen der Maschinen. Aus beidem konnte der Laie nur schwer auf den bevorstehenden Untergang schließen.

Stille Tragik statt chaotischer Panik zeigt diese Abschiedsszene des Zeichners Frank Dradd.

Im Laufe der Zeit hat sich das naturgemäß verändert, wie sich auch an der besseren Auslastung der Boote ablesen lässt. Doch weiterhin kam es zu keinerlei Vorfällen. Major Arthur Peuchen drückte es in seinem militärischen Sprachgebrauch so aus: »Ich habe nie eine so perfekte Ordnung gesehen. Die Disziplin war ausgezeichnet. Ich habe keinen Menschen gesehen, der sich feige verhielt.«

Wie konnte man in dieser Situation Ruhe bewahren? Unsere Quelle Lawrence Beesley gibt mehrere sehr plausible Gründe an: Der Aufprall war zwar nicht so still und leise, wie es oft dargestellt wurde, aber trotzdem für die überwiegende Mehrheit an Bord nicht physisch wahrnehmbar. Ein gewaltiger Rums, der das Schiff durchgeschüttelt, Inventar und Menschen umgeworfen hätte, würde sicher von Beginn an eine deutlich panischere Reaktion ausgelöst haben. Nur wenigen, erst recht nicht unter den Passagieren, dürfte klar gewesen sein, welchen Schaden die Kollision mit einem Eisberg angerichtet hatte. Auch die äußeren Verhältnisse trugen zur allgemeinen Beruhigung bei: Es war eine sternenklare Nacht bei erstaunlich ruhiger See. Die Mannschaft verhielt sich korrekt und hielt sich an die gewohnten Abläufe, ohne zu zeigen, dass etwas nicht in Ordnung war. Beesley führt noch einen zusätzlichen Punkt an, der nicht zu vernachlässigen und sehr zeitbedingt ist: Die Menschen dieser Epoche waren es noch gewohnt, sich Autoritäten vertrauensvoll zu unterwerfen und deren Anweisungen zu gehorchen.

Es gibt noch zwei weitere Einflüsse, die einen Anschein von Normalität suggerieren konnten: Die Bordkapelle spielte bis kurz vor dem endgültigen Untergang, und, vielleicht noch wichtiger, bis zum Eintauchen ins Wasser brannte das Licht. Man mag sich nicht vorstellen, was passiert wäre, wenn die Beleuchtung frühzeitig ausgefallen wäre. Es war auch so dunkel genug, man sah nur wenige Meter weit, aber ein Ausfall der Beleuchtung hätte einen Ausbruch von Panik sicher begünstigt. Möglich war dies nur aufgrund zweier glücklicher Umstände: Die Generatoren für die Stromerzeugung lagen im Heck, versanken also zuletzt. Und die dafür zuständigen Elektriker hielten die Maschinen am Laufen, wohl wissend, dass sie damit ihr eigenes Leben opferten – von ihnen hat keiner überlebt.

Das lenkt unseren Blick allerdings noch einmal auf einige Punkte, die oft unberücksichtigt bleiben. Überwiegend haben wir uns bisher mit dem Verhalten der Passagiere der ersten und zweiten Klasse bis zur Fierung des letzten Rettungsboots beschäftigt und dabei deren Disziplin bewundert. Somit bleiben einige Fragen offen: Was geschah mit den oft gescholtenen Zwischendeckpassagieren und der Besatzung? Und änderte sich das Verhalten nicht, nachdem das letzte Rettungsboot gefiert war und sich damit für alle Zurückgebliebenen die Aussicht auf ein Überleben rapide verschlechtert hatte?

Beesley und Gracie lassen beide, wenn auch nur sehr kurz, durchblicken, dass die Passagiere des Zwischendecks nicht anders reagierten als der Rest, also gelassen und ruhig. Es ist ganz einfach so, dass wir wenig darüber wissen, was unter Deck vor sich ging. Berichte, die besagen, viele Passagiere dort hätten den Untergang schlicht verschlafen, sind vermutlich übertrieben. Darin steckt aber der wahre Kern, dass wohl ein nicht unbeträchtlicher Teil viel zu spät mitbekommen hat, was geschah. Und wir wissen auch wenig darüber, was an Deck vor sich ging, nachdem keine Rettungsboote mehr zur Verfügung standen. Zwar gibt es noch Augenzeugen wie Lightoller, Bride und Gracie, doch das Schiff war riesig und ein Großteil des Geschehens spielte sich nun am Heck ab. Beide Orte, das in einem absurden Winkel aus dem Wasser ragende Heck und die wassergefüllten Gänge im Innern des Schiffs entziehen sich unserer Wahrnehmung – und es ist nicht ganz unwahrscheinlich, dass dort die Stimmung alles andere als gelassen war. Es gab nur niemanden mehr, der davon berichten konnte.

Lawrence Beesley

Der britische Lehrer Lawrence Beesley lieferte einen der längsten, ausführlichsten und auch ersten Berichte über das Unglück. Sein Buch *The Loss of the S.S. Titanic. Its Story and Its Lessons* (*Der Verlust der S.S. Titanic. Seine Geschichte und seine Lektionen*) erschien bereits 1912 und wollte, wie der Titel schon ankündigte, auch zum Vermeiden weiterer solcher Katastrophen beitragen.

35 Wildwest an Bord – es kommt zu Kämpfen und Schießereien

Ein Uhrdeckel mit dem Abzeichen der White Star – er gehörte dem Fünften Offizier Lowe.

Was passiert, wenn einer bisher erstaunlich ruhigen Menge an Passagieren klar wird, dass ihr für unsinkbar gehaltenes Schiff mit dem Vorschiff bereits unter Wasser taucht und nur noch wenige Rettungsboote zur Verfügung stehen? Es spielen sich Szenen ab wie folgende:

»Weit weg kletterte achtern ein zehnjähriger Junge über die Reling und sprang in das Boot Nummer 14. Ein Offizier zerrte ihn schreiend auf die Füße.
›Bitte, Mister. Ich nehme auch nicht viel Platz weg. Bitte! Lassen Sie mich hier bleiben!‹ Seine Stimme war hoch und quiekte.
Der Offizier hielt dem Jungen die Waffe ins Gesicht und sagte: ›Dieses Boot ist nur für Frauen und Kinder. Du bist alt genug, ein Mann zu sein!‹
›Nei-ein! Nein! NEIN!‹
›Ich gebe dir zehn Sekunden, zurück auf das Schiff zu klettern, sonst blase ich dir das Hirn weg!‹
Der Junge ging.
Ungefähr um 1.40 Uhr konnte man die ersten Schüsse hören. ›Weg hier! Verschwindet!‹, warnte ein Offizier. ›Jeden Mann, der versucht, in dieses Boot zu steigen, erschieße ich wie einen Hund.‹«

Diese Szene aus *Die letzte Fahrt der Titanic*, erschienen 1990, entstammt der Feder des Wissenschaftsautors Charles Pellegrino, der nicht weniger fantasievoll zu sein scheint als so mancher unterbezahlte Schreibassistent in Hollywood. Es gehört einiges an Chuzpe dazu, eine so drastische Szenerie zu entwerfen, in der ein gestandener Seeoffizier einem verzweifelten zehnjährigen Kind seine Schusswaffe vors Gesicht hält. Dieser offenkundig grausame Offizier wird nicht genannt, aber es ist nicht schwer herauszufinden, dass es der Fünfte Offizier Lowe war, der das Boot Nummer 14 kommandierte.

Drei der Offiziere werden im Zusammenhang mit Schüssen immer wieder genannt. William Murdoch, der Erste Offizier, genießt dabei den zweifelhaften Vorzug, nicht nur in Bezug auf sich selbst als offenkundig schießwütig zu gelten. So soll es einen gewaltigen Ansturm von Männern auf das Rettungsboot C gegeben haben, der Murdoch dazu veranlasste, seine Waffe nach vorheriger Drohung zu gebrauchen, jedoch nur für Warnschüsse und auch mit Erfolg: Die auf ihre Rettung bedachten Herren räumten ihre

Plätze für nachkommende Damen. Einen nachweisbaren Beleg für diese Geschichte gibt es freilich nicht.

Im Gegensatz zu Murdoch, der auch Männer zusteigen ließ, sofern sich keine weiteren Frauen zeigten, handelte der Zweite Offizier Charles Lightoller strikt entsprechend den Weisungen des Kapitäns und verwehrte allen Männer auf seiner Seite den Zugang zu den Rettungsbooten. Dieses Verhalten trug zu der unglücklichen Situation bei, dass nicht annähernd voll besetzte Boote von der sinkenden *Titanic* ablegten, und führte vielleicht gerade deshalb zu dem kuriosen Gerücht, Lightoller habe sogar seine Pistole eingesetzt, um bereits eingestiegene Männer wieder von Bord zu vertreiben, nur um dann halb leere Boote abzulassen. Doch auch für derartige Behauptungen gibt es keinerlei nachprüfbare Bestätigung.

Der Fünfte Offizier Harald Lowe war nicht unumstritten, aber behielt stets die Übersicht.

Im Gegensatz dazu erscheint es als sicher, dass Lowe tatsächlich von der Waffe Gebrauch machte. Hierüber berichteten einige Augenzeugen, aber auch Lowe selbst vor dem amerikanischen Untersuchungsausschuss. Er habe beim Herablassen von Rettungsboot Nummer.14, dessen Kommando er führte, bemerkt, dass einige männliche Passagiere Anstalten machten, noch in das Boot zu springen. Da sie sich von seinen mündlichen Warnungen nicht abschrecken ließen, griff er zur Waffe und feuerte dreimal. Gezielt daneben.

Lowe, der auch ansonsten sehr umsichtig agierte, war gewiss nicht der Typ, der sich zu einer impulsiven Schießerei hätte hinreißen lassen. Vorgeworfen wurde ihm eher, dass er in seiner Aussage davon sprach, die Passagiere, die versuchten, das Boot noch zu entern, hätten sich wie »wilde Bestien« benommen und konnten deshalb seiner Meinung nach nur Südländer gewesen sein. Traurig, aber wahr, Lowe bediente damit nur das allgemeine rassistische Klischee.

36 Joseph »Brute« Ismay – der Reeder rettet sich auf Kosten von Frauen und Kindern

Aus Joseph Bruce Ismay wurde »Joseph Brute Ismay« – die amerikanische Boulevardpresse kannte keine britische Zurückhaltung in ihrem Urteil über den Reeder, der nach seiner Rettung bei der Ankunft in New York mit derartigen Schlagzeilen konfrontiert wurde. Fast jeder männliche Überlebende musste sich dem Vorwurf stellen, einen Platz für sich beansprucht zu haben, der einer Frau oder einem Kind zugestanden hätte. Doch nur wenige davon sahen sich einer Kampagne gegenüber wie der Besitzer der White Star Line.

Was bewog einige Medien der Vereinigten Staaten dazu, so offensiv gegen Ismay aufzutreten – eine Sicht der Dinge, die selbst den zu Neutralität und Objektivität angehaltenen amerikanischen Untersuchungsausschuss beeinflusste? Es waren weniger die schon berichteten Vorwürfe, er habe Druck auf den Kapitän ausgeübt und sei damit wesentlich mitverantwortlich für die Katastrophe. Diese wurden erst später immer deutlicher laut. Nein, es war der Verdacht, Ismay habe sich kraft seiner Autorität den Zugang zu einem Platz in den Rettungsbooten verschafft. Und je mehr über seine angeblichen Einmischungen in den Bordbetrieb bekannt wurde, desto plausibler musste auch diese Dreistigkeit wirken.

Wir wissen bereits, dass Ismay kurz nach der Kollision auf der Brücke auftauchte. Er musste sofort erkannt haben, dass etwas Außergewöhnliches vorgegangen war, denn sein Aufzug – er hatte sich nur schnell etwas über den Schlafanzug gezogen – wies auf schnelles Handeln hin. Smith klärte ihn über den Eisberg auf, der Reeder erkundigte sich nach dem Schaden. Über den weiteren Ablauf besteht Unklarheit. Womöglich ist Ismay noch auf der Brücke geblieben, um sich die Berichte über die Schadensmeldungen mit anzuhören. Auf die eintreffenden Nachrichten und vor allem das Urteil des Konstrukteurs Thomas Andrews, die *Titanic* sei unrettbar verloren und würde sich kaum mehr zwei Stunden über Wasser halten können, dürfte er, wenn er denn anwesend war, mit Entsetzen reagiert haben.

Dafür gibt es zwei kleinere Hinweise: Erstens wird Ismay später das Rettungsboot noch immer in der gleichen provisorischen Montur betreten – also übergeworfener Kleidung über dem Schlafanzug –, er scheint also nicht mehr in seiner Kabine gewesen zu sein. Und zweitens machte er in den fol-

Trauriger Abschied: Frauen und Kinder gehen, die Männer bleiben zurück. Illustration von Fortunino Matanla

genden Schilderungen von Zeugen einen recht hilflosen und gewissermaßen konfusen Eindruck.

Genauer betrachtet wirkt er in manchen dieser Erzählungen geradezu hysterisch, ein von hier nach dort und von Boot zu Boot rennender, aufgeregter Mann, der sich um alles und jeden kümmern wollte. Das mag etwas übertrieben sein, gibt aber immerhin angesichts all der später über ihn verbreiteten Gerüchte zu denken. Denn es klingt keineswegs nach dem menschenverachtenden Aristokraten, der nur sein eigenes Heil im Auge hat. Doch natürlich wurde ihm auch dieses Verhalten negativ ausgelegt: Man interpretierte es als die verzweifelte Suche nach einem freien Platz in einem der Boote.

Der Dritte Offizier Pitman war gerade dabei, Boot Nummer 5 klarz machen, als ihn ein Mann ansprach – so berichtete er es den beiden Untersuchungskommissionen –, der vorschlug, das Boot mit Frauen und Kindern zu beladen. Der Offizier verwies ihn darauf, dass er auf seine Befehle warte, womit der Mann sich vorerst zufrieden gab. Pitman dämmerte plötzlich, mit wem er da gesprochen haben könnte, und wandte sich an den Kapitän. Vermutlich Mr. Ismay habe ihm gerade den Vorschlag gemacht, Frauen und Kindern Vorrang beim Beladen des Boots zu geben. Smith stimmte dem zu, Pitman kehrte zum Boot zurück und tat, wie ihm geheißen. Dabei half ihm der Mann, den er nun als Reeder Ismay identifiziert hatte. Auf Befehl des auf dieser Seite kommandierenden Offiziers, Murdoch, übernahm Pitman das Boot selbst, nachdem es von Frauen und Kindern, aber auch einigen Männern bestiegen worden war – bekanntlich war der Erste Offizier in seiner Auslegung des Befehls großzügig. Trotzdem waren noch einige Plätze frei, als das Boot gefiert worden war.

Weiterhin war Ismay eifrig dabei, sich nützlich zu machen. Er war an vielen Booten zu finden, um dort beim Bemannen zu helfen, und auch hierbei scheint er bemüht gewesen zu sein, die Regel des Frauen-und-Kinder-zuerst durchzusetzen. Angeblich war er in seinem Übereifer so penetrant, dass der robuste Fünfte Offizier Lowe ihn zusammenstauchte, weil er ihm im Wege war. Auch Lowe soll Ismay nicht erkannt haben. Die Wiederholung dieses Details macht die Geschichte allerdings nicht glaubwürdiger – man fragt sich sowieso, wo diese Offiziere gewesen sind, wenn Ismay der Brücke einen seiner vielen Besuche abgestattet hat.

Irgendwann war es dann aber so weit: Ismay bestieg eines der Boote, eines der letzten, das abgelassen wurde. In Anbetracht dessen, was ihn noch alles erwartete, wird er diesen Schritt im Nachhinein wohl des Öfteren verflucht haben, aber verdenken kann man es ihm nicht. Die Situation war eine ähnliche wie die oben schon geschilderte, nur eben viel später: ein Boot kurz vor der Fierung, darin noch freie Plätze, weit und breit keine Frauen und Kinder. Der zuständige Offizier erlaubt Ismay einzusteigen, und der nimmt das Angebot an.

Es heißt, Ismay habe sich in dem davonrudernden Boot abgewandt, als sich abzeichnete, dass die *Titanic*, der Stolz seiner Reederei, binnen kurzem komplett im Wasser verschwinden würde. Er habe diesen Anblick nicht ertragen können, sei es wegen des Schiffs, sei es in dem Bewusstsein, dass sich noch eine Unmenge an Menschen an Bord befinden mussten. Ismay selbst bestätigte vor dem amerikanischen Ausschuss, er habe sich abgewandt, um den endgültigen Untergang nicht sehen zu müssen.

Spätestens von da an war Ismay ein gebrochener Mann, egal, was man ihm vorwerfen mochte. An Bord der *Carpathia*, nach der Bergung seines Boots, schloss er sich in eine Kabine ein und ward nicht mehr gesehen. Er hielt kaum Kontakt nach draußen, nur die Ärzte hatten Zugang zu ihm.

Joseph Bruce Ismay wird einer strengen Befragung durch das amerikanische Untersuchungskomitee unterzogen.

Naturgemäß war, wie erwähnt, auch seine Aussage vor dem Senatsausschuss eine Tortur. Für die Amerikaner gab er den Sündenbock ab, seine Verteidigung war resigniert und eher halbherzig, er stritt die Vorwürfe der Einmischung ebenso ab wie die von Sicherheitsmängeln an der *Titanic*, und natürlich wies er den Vorwurf, sich widerrechtlich einen Platz auf dem Rettungsboot angeeignet zu haben, weit von sich. Geholfen hat ihm dies in der Öffentlichkeit wenig. Das Bild vom skrupellosen Rekordjäger und egoistischen Überlebenden blieb an ihm hängen und lebte munter weiter in Filmen und Romanen.

Ob es ihn sehr getröstet hat, dass die Briten sich ganz anders verhielten, dass sie ihm sogar einen großen Empfang bereiteten, als er in seine Heimat zurückkehrte? Auch kam er bei den dortigen Untersuchungssitzungen weitaus glimpflicher davon. Diese relative Fairness erwuchs allerdings nicht gerade aus edlen Motiven. Überwiegend steckte dahinter der Vorsatz, die Briten von der Schuld an der Katastrophe zu entlasten und anderen zuzuschieben. Der neue Sündenbock war nun Captain Lord von der *Californian*. Es deutet wenig darauf hin, dass sich dadurch der Gemütszustand Ismays gebessert hat. Der Reeder zog sich von der Führung der White Star Line zurück auf ein Landgut, wo er fern vom allgemeinen Trubel den Rest seines Lebens verbrachte. Er wird in diesen 25 Jahren nicht losgekommen sein von der *Titanic*.

37 Fünf Pfund für jeden – Sir Duff Gordon besticht Crewmitglieder, um sich zu retten

In den vielen Geschichten über den Untergang der *Titanic* verbinden sich mit den Millionären an Bord zahlreiche Anekdoten von geradezu unwiderstehlicher Noblesse, großzügiger Gelassenheit oder stillem Heldentum. Voraussetzung hierfür – es ist nur logisch, obwohl es makaber klingt – war es allerdings, den Untergang nicht überlebt zu haben. Neben J. Bruce Ismay und Kapitän Stanley Lord gab es noch einen dritten großen Sündenbock im publizistischen Nachleben der *Titanic*: Sir Cosmo Duff Gordon.

Es wurde schon an anderer Stelle erwähnt: So gut wie jeder männliche Überlebende setzte sich dem unterschwelligen Verdacht aus, sich auf Kosten von Frauen und Kindern gerettet zu haben, doch nur selten wurde dieser Vorwurf auch so laut geäußert wie im Fall Duff Gordon. Kein Wunder. Man betrachte nur die Fakten: In Duff Gordons Rettungsboot befanden sich lediglich zwölf Personen. Davon waren allein sieben von der Besatzung, und die einzigen Damen an Bord waren Lady Duff Gordon und ihre Zofe. Duff Gordon zahlte jedem der Besatzungsmitglieder später fünf Pfund, es gab ein gemeinsames Erinnerungsfoto nach der Rettung und das Versprechen auf weitere Hilfe für die Jungs von der Crew, falls es Probleme geben sollte. Da konnte man schon wenig schmeichelhafte Gedanken hegen.

Sir Cosmo Duff Gordon war eine Zelebrität in der High-Society, seine Frau nicht weniger. Sie betätigte sich nebenher als Modedesignerin, das Interesse an ihnen war schon vorher nicht gerade klein. Auf der *Titanic* hatten sie angeblich unter dem Namen »Morgan« gebucht, um ihr Inkognito zu wahren. Der echte J. P. Morgan war ja nicht mit an Bord. Als die amerikanische und dann auch die internationale Presse durch eines der Besatzungsmitglieder von der Geschichte mit den fünf Pfund erfuhr, war das Aufsehen groß. Dies ist auch einer der Gründe, warum über das Schicksal von Boot Nummer 1 recht viel bekannt ist.

Beladen wurde das kleine Rettungsboot – es war nur für 28 Personen ausgelegt – auf der Seite Murdochs, des Ersten Offiziers. Das ist die erste Erklärung für das völlig unverständliche Verhältnis von Frauen zu Männern in diesem Boot. Lightoller auf der anderen Seite ließ strikt keine Männer in die Boote, Murdoch räumte ihnen Platz ein, sofern keine Frauen und Kinder mehr zu sehen waren. Das augenscheinliche Missverhältnis zwischen Besatzungsmitgliedern, von denen fünf auch noch Heizer waren, und Passagieren ist kein Hinweis auf die Inkompetenz Murdochs, sondern erklärt sich durch dessen Befehl, das Boot solle sich in der Nähe halten, um für die weitere Aufnahme von Passagieren zurückkehren zu können. Dies allerdings ist nie geschehen.

Durch und durch kein Gentleman? Sir Cosmo Duff Gordon, ungeliebter Überlebender

Auch das war kein sehr ungewöhnliches Verhalten, wie wir noch sehen werden, auch nicht für Boote, die so offenkundig halb leer waren wie Nummer 1. Es verwundert trotzdem nicht, dass die Untersuchungskommissionen dieser Tatsache jeweils großes Interesse entgegenbrachten. Und in diesem Fall klang die Zusammensetzung nun einmal ganz besonders mysteriös. Naturgemäß wandte man sich zuerst an den Kommandanten des Rettungsboots, G. Symons, der die Verantwortung trug. Die Amerikaner bohrten allerdings nicht sehr tief nach. Symons behauptete, es sei ihm aufgrund der schlechten Sichtverhältnisse so vorgekommen, als sei das Boot mit etwa 14 bis 20 Personen besetzt. Zurückgekehrt sei er auch, aber erst nach dem Sinken des Dampfers, gefunden habe er niemanden mehr.

Bei den Briten kam er nicht so leicht davon. Dass er nicht gewusst haben will, wie viel Personen in dem Boot waren, nahm man ihm da nicht ab. Und auch den Umstand, dass er nicht zurückzukehren versuchte, ließ man ihm nicht mehr so einfach durchgehen. Symons machte keine gute Figur. Dies nährte erst recht den Verdacht, er sei keineswegs »Herr der Lage« gewesen, wie er selbst so augenfällig deutlich betonte. Tatsächlich behauptete einer der beiden anderen männlichen Passagiere, der Amerikaner C. E. H. Stengel, er und Sir Duff Gordon hätten gemeinsam den Kurs des Boots bestimmt. Dahinter wiederum mochte ein gutes Maß an Eitelkeit und Selbstüberschätzung stecken. So jedenfalls stellte es Duff Gordon selbst dar, der diese Aussage von sich wies.

Auch andere Crewmitglieder wurden befragt, warum das Boot nicht umgekehrt sei, um zu helfen. Der Heizer Hendrickson – der auch die Fünf-Pfund-Angelegenheit ausgeplaudert haben soll – meinte, die Crew sei geschlossen dafür gewesen umzudrehen, doch eine Frau habe widersprochen; die Nachfrage, wer diese Frau gewesen sei, war ziemlich überflüssig, die Zofe wird sich mit ihrer Meinung kaum vorgedrängt haben. Natürlich war es Lady Duff Gordon, wie Hendrickson dann auch antwortete. Der andere echte Seemann, Mr. Horswell, berief sich gewissermaßen auf den Befehlsnotstand. Er habe es als ein Gebot der Menschlichkeit angesehen zurückzukehren, sei aber Symons unterstellt gewesen und habe gehorcht. Was immer man von diesen fast gleich lautenden Aussagen halten mag, sie warfen ein noch schlechteres Licht auf die Duff Gordons. Die Frau habe nicht umdrehen wollen, weil sie befürchtete, das Boot könne kentern. Und ihr Mann – nun ja, vielleicht habe er die Crew eben mit der Aussicht auf ein kleines Geldpräsent buchstäblich in eine andere Richtung gelenkt.

Aus der Sicht Sir Duff Gordons nahm sich das Ganze naturgemäß etwas anders aus. Lady Duff Gordons Zofe habe mit Blick auf das untergehende Schiff zu ihrer Herrin gesagt: »Oh, nun ist Ihr schönes Nachtkleid dahin.« Schock, Naivität oder Zynismus – die Bemerkung klingt doch etwas zu versnobt, um echt zu sein. In manchen Überlieferungen schließt sich daran aber ein Dialog zwischen Duff Gordon und der Mannschaft an, der mit kleinen Abweichungen von beiden Seiten bestätigt wurde. Auf die Bemerkung des Mädchens oder einfach nur aus momentaner bitterer Erkenntnis habe eines der Besatzungsmitglieder geklagt, die Passagiere – die ja, auch wenn sie der Mann nicht gekannt haben mag, offensichtlich der ersten Klasse entstammten – werden ihren Schaden wohl leicht ersetzen können. Sie dagegen hätten ihre Ausrüstung verloren, und noch dazu sei mit dem Sinken des Schiffs keinerlei Lohnzahlung mehr zu erwarten. Damit hatte er recht – die White Star stellte die Zahlung sofort mit Untergang ein: kein Schiff, kein Geld. Und daraufhin habe Sir Duff Gordon erwidert, man möge sich keine Sorgen machen, er werde jedem Crewmitglied an Bord mit fünf Pfund Ausrüstung und Lohnausfall ersetzen.

Mehrere Besatzungsmitglieder meinten, sie hätten erst auf der *Carpathia* von diesem generösen Angebot erfahren (dort stellte Duff Gordon tatsächlich in England einzulösende Schecks auf diesen Betrag aus). Doch darauf kann man sich ungefähr so verlassen wie auf ihre Behauptung, sie hätten unbedingt alle umkehren wollen. Ob es nun wahr ist oder nicht – etwas anderes zu behaupten hätte ihren Ruf, vorsichtig ausgedrückt, nicht gerade verbessert. Seltsam nur, dass sie sich auch alle bereitfanden, mit den Duff Gordons auf einem Erinnerungsfoto zu posieren und auf der Schwimmweste der Lady zu unterschreiben.

Man sollte nur nicht übersehen, dass auch Duff Gordon Eigennutz und böswilliges Verhalten nur unterstellt werden kann und dass er damit für ein Verhalten bestraft würde, das an und für sich recht ehrenhaft war. Denn ihm taten die paar Pfund nicht weh, aber den Besatzungsmitgliedern war damit tatsächlich sehr geholfen. Womöglich waren sie ihm einfach nur deshalb so gewogen, dass sie sich mit ihm fotografieren ließen. Wenn diese Version stimmt, haben die Crewmitglieder mit ihren Aussagen Sir Duff Gordon seine Großzügigkeit mit Undank gelohnt.

The Bystander, June 15, 1904

Sport, Travel & Fiction

Art Literature & the Drama.

The BYSTANDER.

No. 28.—Vol. III. [Registered at the G.P.O. as a Newspaper.] Wednesday, June 15, 1904 [With Supplement, 6d. By Post, 6½d.]

Photo by Johnston and Hoffmann

Lady Duff-Gordon

As "Madame Lucile" Lady Duff-Gordon has achieved a position among the leading modistes of the day. Her younger sister is Mrs Clayton Glyn, the well-known author of "The Visits of Elizabeth"

Berühmt und berüchtigt: die Modeschöpferin Lady »Lucile« Duff Gordon

Gewissheit über die Abläufe an Bord von Rettungsboot Nummer 1 wird es nicht mehr geben. Sir Cosmo Duff Gordons Ruf war ruiniert, den Makel der Bestechung zur Rettung des eigenen Lebens auf Kosten von Ertrinkenden, darunter noch immer Frauen und Kinder, wurde er nicht mehr los. Fast jedes Besatzungsmitglied hatte in seinen Aussagen noch einmal explizit die deutlich hörbaren Schreie der Ertrinkenden betont. Da der zynische Millionär im Fokus der Öffentlichkeit stand, geriet das nicht weniger zweifelhafte Verhalten Symons in Vergessenheit. Entweder hatte er sich (wie die anderen) bestechen lassen, oder er war auch ohne Bestechung nicht gewillt gewesen umzukehren und zu helfen, obwohl er ja angeblich die gesamte Restcrew auf seiner Seite hatte – gegen nur zwei Frauen und drei Männer. Möglicherweise verrät der Blick in Boot 1 einfach aber auch nur viel über Menschen, die um jeden Preis überleben wollen.

38 Suizid, Teil I – die vielen Tode des Captain Smith

Der Kapitän geht mit seinem Schiff unter. Das ist ein Teil der Seemannsehre, den schon jedes Kind kennt. Kapitän Edward J. Smith hat nicht überlebt, das war sicher. Aber wie ist er gestorben? Der Versuch einer Rekonstruktion ist schwierig.

Es gibt eine Situation, die halbwegs gesichert zu sein scheint, unter anderem bestätigt vom überlebenden Funker Harold Bride: Der Kapitän sucht noch einmal den Marconiraum auf, um den beiden Funkern für ihre Arbeit zu danken und sie aufzufordern, sich zu retten: »Every man for himself«, also: »Rette sich, wer kann.« Es ist kurz nach zwei Uhr, von diesem Zeitpunkt an gibt es über den Kapitän nur noch die widersprüchlichsten Aussagen.

Einem Gerücht zufolge habe sich Captain Smith angesichts der Misere erschossen. Allein die zahlreichen Widersprüche deuten hier auf kreative Fantasien von Unbeteiligten: Smith erschießt sich im Rausch oder nüchtern, allein in einer Kabine, öffentlich auf der Brücke, im Gerangel mit anderen Offizieren oder gemeinsam mit dem Ersten Offizier, relativ früh nach der Kollision, erst beim Versinken im Wasser. Für keine dieser Theorien gibt es einen einzigen Beweis, aber recht viele Indizien dagegen.

Die meisten Aussagen über den Verbleib des Kapitäns zwischen dem Verlassen des Funkraums und dem Untergang, also etwa einer Viertelstunde, stimmen in einem Punkt überein: Smith war noch an Bord. Aber wo?

Antreten zur letzten Fahrt: Captain Smith inmitten von Crewmitgliedern

Zeichnung von Douglas McPherson nach einem Augenzeugenbericht: der Kapitän an einem der Rettungsboote, um sich zu verabschieden

Harold Bride gab zu Protokoll, er habe ihn auf der Brücke gesehen, als diese im Wasser verschwand. Das behauptete auch Steward Edward Brown, der noch das Detail hinzufügte, Smith habe noch immer sein Megafon bei sich getragen. Andere Besatzungsmitglieder jedoch beschreiben die Brücke kurz vor dem Ende als verlassen.

So makaber es klingen mag, der Kapitän taucht nach dem Untergang ständig wieder auf. Buchstäblich am naheliegendsten wäre es, der Kapitän hätte wie so viele andere versucht, das gekenterte Engelhardt-Boot B zu erreichen. Archibald Gracie berichtet von einem Mann, der an das Boot herangeschwommen sei, dessen Überladung akzeptiert und sich mit aufmunternden Worten wieder habe zurückfallen lassen. Gracie bewunderte dieses Verhalten, daraus wurde durch spätere Ausschmückungen – ohne Nennung oder Kenntnis der Quelle – der Kapitän. Doch das ist nachweislich falsch. Gracie und zwei unabhängige Zeugen hatten sogar explizit betont und aufrichtig bedauert, dass sie den tapferen Mann nicht kannten, den sie gesehen und gehört hatten. Unwahrscheinlich, dass sie den vermutlich bekanntesten Mann an Bord nicht erkannt hätten.

Man darf nicht vergessen, in welcher unangenehmen Situation sich die Geretteten auf dem Rettungsboot befanden, denn sie standen auf dem Boden des kieloben schwimmenden Gefährts, wacklig und stets nur mit Kontakt zum Nebenmann. Der Heizer Harry Senior und der Koch John Maynard wollen beide Captain Smith beobachtet haben, wie er den Versuch unternahm, sich an dieses Boot zu klammern. Doch sei er mehrfach abgerutscht und dann endgültig verschwunden. Gracie berichtet dies unvoreingenommen, lässt aber durchblicken, er halte es für nicht sehr wahrscheinlich. Wissen kann man das nicht, also auch nicht widerlegen. Und noch einmal ward der Kapitän an diesem Boot gesehen, aber ohne Ambitionen, darauf zu gelangen. Im Wasser schwimmend habe er nur andere motiviert, sich zu retten, für sich jedoch jegliche Hilfe abgelehnt und sei darum nach kurzer Zeit erfroren. Das klingt dann doch wieder zu sehr nach Heroismus. Der Tod Captain Smiths ist ein klassischer Fall von einem Rätsel, das nie mehr gelöst werden wird. Unser Wissen über Captain Smith endet um etwa 2.05 Uhr mit der Verabschiedung aus dem Marconiraum.

39 Suizid, Teil II – der Erste Offizier Murdoch erschießt sich

William Murdoch, durch eine Umgruppierung kurz vor dem Auslaufen zurückversetzt vom Posten des Leitenden auf den des Ersten Offiziers, spielt in den Berichten über den Untergang eine wichtige Rolle. Er war der Diensthabende auf der Brücke während der Kollision, er leitete das Besetzen und Fieren der Rettungsboote auf der Steuerbordseite und zeigte dabei weitaus mehr Flexibilität als der Zweite Offizier Lightoller.

Doch während Lightoller in fast allen Berichten, seien sie fiktiver oder dokumentarischer Natur, stets eine tadellose Rolle zugebilligt wird, liegt über Murdoch ein seltsames Zwielicht. In Robert Prechtls *Der Untergang der Titanic* beispielsweise ist es Murdoch, der im Verbund mit dem Reeder Ismay den Kapitän bedrängt, im Kampf um das Blaue Band rücksichtslos und gegen alle bösen Omen mit Höchstgeschwindigkeit hineinzurasen in das Eisfeld. Immerhin billigt ihm auch der deutschtümelnde Schriftsteller noch zu, er habe am Ende seinen Fehler eingesehen und sich vermeintlich ehrenvoll erschossen. Doch auch unverdächtigere Autoren wie France Huser und Bernard Géniès verkünden im Nachwort zu ihrem Roman *Die Nacht des Eisbergs*, dass Murdochs Tod durch einen Revolverschuss erwiesen sei. Das klingt fast so, als habe ihnen ein amtlicher Obduktionsbericht vorgelegen. Das ist umso erstaunlicher, als Murdochs Leiche nie geborgen wurde.

William Murdoch, der Erste Offizier, handelte verantwortungsvoll bis zu seinem ungeklärten Tod.

Der Überlebende Lawrence Beesley hat in seinem Bericht sämtliche Geschichten über Selbstmorde von Offizieren als unbestätigt und unglaubwürdig von vornherein ausgeschlossen. Nach seinem Urteil wäre solch ein Verhalten inmitten der Katastrophe alles andere als ein heroischer Akt. Auch Archibald

Gracie, ein anderer Augenzeuge, weist die Gerüchte zurück. Er habe keinen einzigen Mitpassagier gefunden, der den Ersten Offizier bei einer solchen Tat beobachtet habe – im Gegenteil, Gracie selbst, der keines der Rettungsboote bestieg und erst nach dem Untergang gerettet wurde, habe sich lange in der Nähe Murdochs aufgehalten, als der bis zur letzten Fierung das Kommando an Steuerbord führte.

Der erste Offizier, darin ganz erfahrener Seemann, machte sich keinerlei Illusionen über das Schicksal des Schiffs. Chefsteward J. Hardy sagte vor dem amerikanischen Untersuchungsausschuss, Murdoch habe ihm gegenüber geäußert: »Ich glaube, sie ist verloren, Hardy.« Doch deutet nichts weiter darauf hin, er sei so resigniert gewesen, dass er zum Revolver gegriffen habe. Dafür hätte er auch kaum Zeit gehabt, schließlich war er mit dem Fieren der Rettungsboote auf seiner Seite betraut und somit gut beschäftigt – und die meiste Zeit von Leuten umgeben.

Den Tod des Ersten Offiziers William Murdoch hat niemand beobachtet. Sowohl Lawrence Beesley als auch Archibald Gracie vermuten, er sei von dem großen Sog erfasst worden, der beim Absinken des Bugs unter Wasser entstanden ist und zahlreiche Personen in die Tiefe riss. Murdoch hielt sich zu diesem Zeitpunkt im Vorderschiff auf. Genaueres wird man nicht mehr erfahren.

Wo ist Henry Wilde?

Von den acht Brückenoffizieren bleibt eine Figur in allen Berichten über den Untergang der *Titanic* seltsam blass: die des Leitenden Offiziers Henry Wilde, immerhin der zweite Mann an Bord direkt hinter dem Kapitän. Fast hat es den Anschein, Wilde, der erst kurz vor Auslaufen von der *Olympic* herüber auf seinen Posten kommandiert wurde, sei nie richtig auf seinem neuen Schiff angekommen. Seine Rolle in der Unglücksnacht bleibt im Dunkeln, selten findet er überhaupt Erwähnung in all den wahren und unwahren Geschichten, die darüber kursieren. Für einen Mann in seiner Position, der noch dazu kurzfristig aufgrund seiner Erfahrung eingesetzt wurde, ist dies recht überraschend. Sicher ist nur eines: Henry Wilde hat den Untergang nicht überlebt.

40 »Be British!« – die vielen letzten Worte des Captain Smith

Wie die beiden vorhergehenden Kapitel gezeigt haben, starben der Kapitän und sein Erster Offizier allerlei Tode. Anders als William Murdoch war Edward J. Smith auch ohne verklärende Mythen populär genug. Immerhin gab es Passagiere, die nur seinetwegen Schiffsreisen antraten. Letzte Worte von Berühmtheiten sind ein Genre für sich, das Bände füllt. Man darf davon ausgehen, dass ihr Wahrheitsgehalt trotz ihrer Kürze – Prägnanz ist eines ihrer wichtigsten Merkmale – eher vernachlässigbar ist. Auch der größte Intellektuelle oder der tapferste Seemann ist beim Sterben selten geistreich. Da man von einem großen Vorbild aber gern etwas Tröstlicheres hören möchte als hilfloses, röchelndes Gestammel, bilden sich schnell Mythen und Anekdoten.

Letzten Worten haftet überwiegend etwas Heroisches an, denn sie signalisieren Gefasstheit in einem Moment, der jedem bevorsteht und den jeder – für gewöhnlich – auch fürchtet. Captain Smith dämmerte nun nicht auf einem weichen Bett dahin, sondern befand sich in einer ausweglosen Katastrophensituation auf einem sinkenden Schiff, was sich ganz besonders als Hintergrund für Heldensagen eignet. Und so gibt es – im Gegensatz zu den Mythen um seinen Tod – keine böswilligen Erzählungen über ihn und seine letzten Worte.

Wie wir wissen, verließ Captain Smith kurz nach zwei Uhr morgens, etwa eine Viertelstunde vor dem Untergang des Schiffs, den Marconiraum. Danach verliert sich seine Spur in vielerlei widersprüchlichen Berichten. Es liegt eine gewisse Logik darin anzunehmen, er sei auf die nicht weit entfernte Brücke zurückgekehrt. Dort wurde er ja nach mehreren Aussagen noch gesehen, etwa vom Assistenzfunker Harold Bride. Auf dem Weg dorthin sei er noch mehreren Besatzungsmitgliedern begegnet, denen er Mut zusprach und, wie den beiden Funkern, die Erlaubnis beziehungsweise den Befehl gab, sich nun selbst zu retten. Der *Titanic*-Forscher Walter Lord überlieferte drei solcher kurzen Begegnungen. Der Heizer James McGann erinnert sich an »So, Jungs, jeder für sich jetzt!«. Zu einer Gruppe von Matrosen soll er gesagt haben: »Schon recht, Kinder, ihr habt eure Pflicht getan. Jetzt ist sich jeder Mann der Nächste«; und zu dem Steward Edward Brown: »Mein Junge, tut, was ihr könnt, für Frauen und Kinder und sorgt dann für euch

Captain Smith, das Megafon griffbereit, spricht aufmunternde Worte in einer TV-Filmversion von 1996.

selbst«. Jungs, Kinder, Junge – der väterliche Kapitän sorgt für seine Untergebenen. Egal, ob Smith wirklich solch einen patriarchalisch wohlmeinenden Ton anschlug, der Grundgedanke ist klar und auch nicht unwahrscheinlich. Das Schiff war rettungslos verloren, und der Kapitän entband die Mannschaft von ihrer Pflicht.

Das ist umso plausibler, da die Crew zur Rettung der Passagiere so gut wie nichts mehr beitragen konnte – darum ergibt der erste Teil der von Brown wiedergegebenen Botschaft auch wenig Sinn. Zeitlich angesiedelt nach der Begegnung mit den Funkern war es unsinnig, noch auf Frauen und Kinder hinzuweisen – die Rettungsboote waren ja längst weg. Brown berichtete auch, der Kapitän sei danach auf die Brücke zurückgekehrt – mit dem Megafon in der Hand. Dieses Megafon erlangte eine gewisse Berühmtheit, da Smith mit ihm die bekanntesten seiner vielen letzten Worte gesprochen haben soll: »Be British!« – »Seid Britisch!«, mit anderen Worten: Verhaltet euch wie Briten, anständig und diszipliniert. Das gefiel der angelsächsischen Presse und so manchem Souvenirhersteller. Der spätimperialistische Nationalismus trieb hier seine Blüten. Damit ist die geistige Quelle für diese Erfindung auch gefunden, es gibt keinen einzigen verlässlichen Augen- oder Ohrenzeugen, der diesen Spruch überliefert, aber mehrere, die ihn explizit dementieren (und darunter auch Briten). Bedenkt man, an welches Publikum er das patriotische Bonmot gerichtet haben soll, erheben sich weitere Zweifel. Schließlich waren die Briten nur eine von sehr, sehr vielen Volksgruppen an Bord. Die Amerikaner und insbesondere die vielen Iren werden eine solche Aufforderung nicht so sehr geschätzt, die anderen Passagiere, darunter Einwanderer aus Polen, Deutschland, Frankreich und so weiter, werden sie überwiegend nicht einmal verstanden haben.

Mit dem Moment des endgültigen Untertauchens der *Titanic* unter die Wasseroberfläche wird das Schicksal des Kommandanten noch unklarer. Er muss sich nun, wo auch immer, in jedem Fall im Wasser befinden, entweder treibend oder eingeschlossen in dem sinkenden Wrack. Doch möglicherweise ist er zu diesem Zeitpunkt bereits tot, erschlagen von einem der herabstürzenden Teile des Schiffs.

Doch wir erfahren auch, dass der geübte Seemann noch munter durch das Eiswasser schwamm, teilweise Kinder auffischend und weiterreichend. Auch dies lieferte ihm naturgemäß noch einmal Gelegenheit zu allerhand letzten Worten. Archibald Gracies Bericht von dem tapferen Mann, der sich an das gekenterte letzte Boot klammerte und dann, um dieses nicht weiter zu gefährden, losließ und sich noch gefasst verabschiedete, wurde, wie erwähnt, später umgedeutet auf den Kapitän, auch wenn Gracie und seine beiden Mitüberlebenden dies ausdrücklich verneinten. Die geschilderten Worte des unbekannten Mannes mögen die Fehldeutung verstärkt haben. Gracie gab sie wieder als »Ist schon in Ordnung, Jungs; viel Glück und Gott segne euch!«. Die beiden anderen Zeugen stimmten darin überein, beziehungsweise fügten noch hinzu, er habe gesagt »Bleibt ruhig« und sich dann noch verabschiedet. Vor allem der Ausdruck »Jungs« erinnert natürlich enorm an die anderen kolportierten Aussprüche des Kapitäns – aber ein wirklich überzeugendes Alleinstellungsmerkmal ist das nicht. Es sei noch einmal darauf hingewiesen, dass die drei den Mann gehört und gesehen haben und in der Lage gewesen sein werden, ihren Kapitän zu identifizieren.

Dann war da noch der Mann an anderer Stelle desselben Boots, der gar nicht versuchte, an Bord zu kommen, obwohl ihm einer der bereits Geretteten sogar ein Ruder zum Festhalten hinhielt. Doch der Mann habe vorher aufmunternd »Gut, Jungs! Gut so, Kinder!« gerufen. »Jungs«, »Kinder«, das ist wieder Original-Smith-Sprache. Insofern lag der Verdacht nahe, dass es sich um den Kapitän handelte. Doch der Ertrinkende machte keine Anstalten, sich zu retten, und war kurz danach tot.

Und auch der dritte Mann, der das Boot erreichte und der im Gegensatz zu eben Genannten durchaus den Versuch unternahm, an Bord zu klettern, hatte noch ein Bonmot auf Lager. Es war die Person, von der der Heizer Harry Senior und der Koch John Maynard berichteten. Allerdings weichen ihre Schilderungen etwas voneinander ab. Übereinstimmend sagten beide, der Mann sei zu schwach gewesen und deshalb mehrfach abgeglitten, bis er endgültig aufgab. Maynard blieb dabei, Senior korrigierte sich später und meinte nun, der Mann habe sich freiwillig zurückgleiten lassen und dabei noch angemerkt: »Ich will meinem Schiff folgen!« Das sagt natürlich nur ein Kapitän, und er sagt es vermutlich nur in einem schlechten Roman. Walter Lord, der uns diese Geschichte überlieferte, meint selbst, sie habe sehr wenig für sich. Abgesehen vom Kitschverdacht sei nämlich Senior erst sehr spät als einer der Letzten an dem Boot angekommen.

Die letzten verbürgten Worte unterscheiden sich nicht einmal groß von all den schönen Sprüchen. Sinngemäß lauteten sie, es sei alles getan, ihr seid vom Dienst befreit, jeder solle sich von nun an selbst um sein Überleben kümmern, rette sich, wer kann. So verabschiedete sich Captain Smith von den beiden Funkern, wie Harold Bride mehrfach und überzeugend berichtete – und Smith sagte nicht »Kinder« oder »Jungs«, sondern »Männer«.

Nobelpreisträger Elias Canetti in seiner Autobiografie *Die gerettete Zunge*:
»Wir müssen dann aber doch ausgegangen sein, denn ich sehe die Menschen auf der Straße vor mir, es war alles sehr verändert. Die Leute standen in Gruppen beisammen und sprachen aufgeregt, andere traten hinzu und hatten etwas zu sagen ... Wir Kinder waren vergessen, und doch sprach man auch von Kindern, die auf dem Schiff gewesen waren und wie sie und die Frauen zuerst gerettet wurden. Immer wieder war die Rede vom Kapitän, der sich geweigert hatte, das Schiff zu verlassen.«

41 »Näher mein Gott zu Dir« – die Kapelle spielt als Letztes einen Choral

Angesichts einer Katastrophe wie dem Untergang der *Titanic* mutet es seltsam an, dass eine der größten Debatten sich um so etwas Banales drehte wie die kontrovers diskutierte Frage, welches Lied die Bordkapelle als Allerletztes spielte.

Eine Begleiterscheinung dieser Debatte – vielleicht aber auch Teil des Anlasses und ihres Fortlebens – ist der gänzlich unbestrittene Status der acht Musiker als tapfere Helden. Niemand hat daran bisher Zweifel geäußert, während der Glanz all der anderen möglichen Helden, wie wir wissen, gewisse Flecken aufweist.

Wer die Kapelle gebeten hat, die Rettungsaktion musikalisch zu begleiten, wissen wir nicht, aber man darf wohl das Einverständnis des Kapitäns voraussetzen. Etwa um 0.15 Uhr begann dieser ganz spezielle Einsatz der Musiker. Anfangs spielte die Band wohl noch in einem der Salons, später direkt an Deck auf der Backbordseite – so die Überlieferung. Gracies Zeugnis scheint das einigermaßen zu bestätigen. Es ist auch wenig zweifelhaft, dass die Musiker zu diesem Zeitpunkt lockeren zeitgenössischen Ragtime spielten, keineswegs irgendwelche religiösen Erbauungslieder, die sicher wenig zur Besserung der allgemeinen Gemütslage beigetragen hätten.

Und genau dies macht Gracies Einwände umso plausibler. Nun, kurz vor dem endgültigen Untergang des Schiffs, als der Bug schon unter Wasser lag, die Rettungsboote verschwunden waren, konnte sich wohl niemand mehr von der Musik über das bevorstehende Schicksal hinwegtäuschen lassen. Die Szene nimmt sich in Film und Roman schön aus. Besinnlichkeit und Vorbereitung auf ein besseres Leben in Form eines religiösen Chorals statt flotter Ragtime – aber wie realistisch mag das sein angesichts eines sich neigenden Decks mit steigendem Wasser? »Eine taktlose Warnung vor dem uns alle in Kürze erwartenden Tod und eine, die sicherlich eine Panik hervorgerufen hätte.« So beurteilt auch Gracie nicht zu Unrecht die Gerüchte um das Lied »Näher mein Gott zu Dir«. Er bestreitet, diesen Choral gehört zu haben. Die letzten Töne, die er wahrnahm (und er war einer der Letzten, der das Schiff verließ), waren »fröhlich und keine Kirchengesänge«. Das bestätigen auch andere Überlebende.

Die Auseinandersetzungen um das letzte Lied ließen nicht nach. Außerdem darf man davon ausgehen, dass die zahlreichen Beerdigungen und

Sechs Mitglieder der legendären Band der *Titanic*: rechts unten ihr Leader Wallace Hartley.

Trauerfeiern für die Opfer des Schiffbruchs, auf denen tatsächlich »Näher mein Gott zu Dir« gespielt wurde, für zusätzliche Verwirrung in den Gedächtnissen der Überlebenden und der Berichterstatter sorgte. Die Feier zum Gedächtnis an die Musiker war übrigens ein großes Ereignis, zahllose Kollegen bildeten ein enormes musikalisches Aufgebot – noch ein beeindruckender Beweis für das hohe Ansehen, in dem die kleine Kapelle stand, deren acht Mitglieder ausnahmslos den Tod gefunden hatten.

Wann genau sie aufhörten zu spielen, bleibt ebenfalls im Ungewissen, jedoch scheinen sie tatsächlich ziemlich lange durchgehalten zu haben, eingepackt in Schwimmwesten, was ihre Aufgabe sicher nicht leichter gemacht hat. Irgendwann werden sie sich aufgelöst und ihr Heil in der Flucht gesucht haben – vergeblich, wie wir nun wissen.

Der Streit um das Abschiedslied der Kapelle ist ein Streit um des Kaisers Bart – ohne Lösung, aber mit sehr viel dezidierten Meinungen. Es gilt, was Erik Fosnes Hansen in seinem Roman kurz vor dessen Ende schreibt: »Niemand dachte noch an die Musik, und keiner hat gehört, was sie zuletzt spielten.« Dabei sollte man es auch belassen. Obwohl – ab und zu treibt so etwas dann doch wenigstens schöne Stilblüten: Der zu seiner Zeit berühmte Publizist Maximilian Harden fand in einem kritischen Artikel zur Katastrophe vom Juni 1912 einen ganz neuen, eigenartigen und fast genervt klingenden Titel für das letzte auf der *Titanic* gespielte Lied: »Näher Dir nun, Herr Gott!«

42 Krachendes Getöse – das Schiff explodiert kurz vor dem endgültigen Untergang

20 Minuten nach zwei Uhr morgens am 15. April 1912: Das Aushängeschild der Reederei White Star Line, der Stolz der britischen Seefahrt, die *Titanic*, ist von der Wasseroberfläche verschwunden. An der Unglücksstelle schwimmt allerhand loses Inventar und eine große Anzahl chancenlos gegen das Erfrieren ankämpfender Menschen. Von den Rettungsbooten aus ist dies alles nicht gut zu erkennen. Einige der Geretteten bemerken erst, dass der Dampfer verschwunden ist, weil sich nun dort Sterne am Nachthimmel abzeichnen, wo zuvor noch die Silhouette des Luxusliners war.

Wer dagegen nahe genug war und den Mut und die notwendige Zeit hatte, den letzten Akt des Untergangs zu verfolgen, der musste mit Erstaunen oder Entsetzen feststellen, dass die riesige *Titanic* mit fast senkrecht aufgerichtetem Heck kurz verharrte, bevor sie endgültig ins Wasser versank. Die Beobachter konnten aber nicht mehr sehen, dass das wassergefüllte schwerere Vorschiff abgebrochen war und dem nachfolgenden Heck vorauseilend auf den Meeresboden glitt.

Das Aufbäumen des Hecks war auf seine makabre Weise spektakulär genug, doch berichteten viele der Überlebenden nach ihrer Rettung, es habe vorher an Bord Explosionen gegeben, ja, diese seien so stark gewesen, dass sie regelrechte Fontänen erzeugt und dabei auch Wrackteile durch die Luft geschleudert hätten. Über den Zeitpunkt dieser vermeintlichen Explosionen besteht jedoch wenig Einigkeit, teils haben sie angeblich noch während der Räumung stattgefunden, teils erst beim Versinken beziehungsweise als Beschleuniger dieses Versinkens.

Vorab kann man gleich einwenden, dass eine oder gar mehrere Explosionen im Zeitraum nach der Kollision bis zur Fierung des letzten Rettungsboots enorm unwahrscheinlich sind. Der von der Brücke veranlasste Maschinenstopp nötigte die Ingenieure dazu, den Dampfdruck aus den Kesseln abzulassen, ein lautes Geräusch, das eine ganze Zeit lang das Aussetzen der Rettungsboote begleitete – und dieses nicht gerade erleichterte, da es eine verbale Verständigung fast unmöglich machte. Doch diesen Lärm, der zwar abrupt einsetzte, sich jedoch länger hinzog, konnte kaum jemand mit einem Explosionsknall verwechseln.

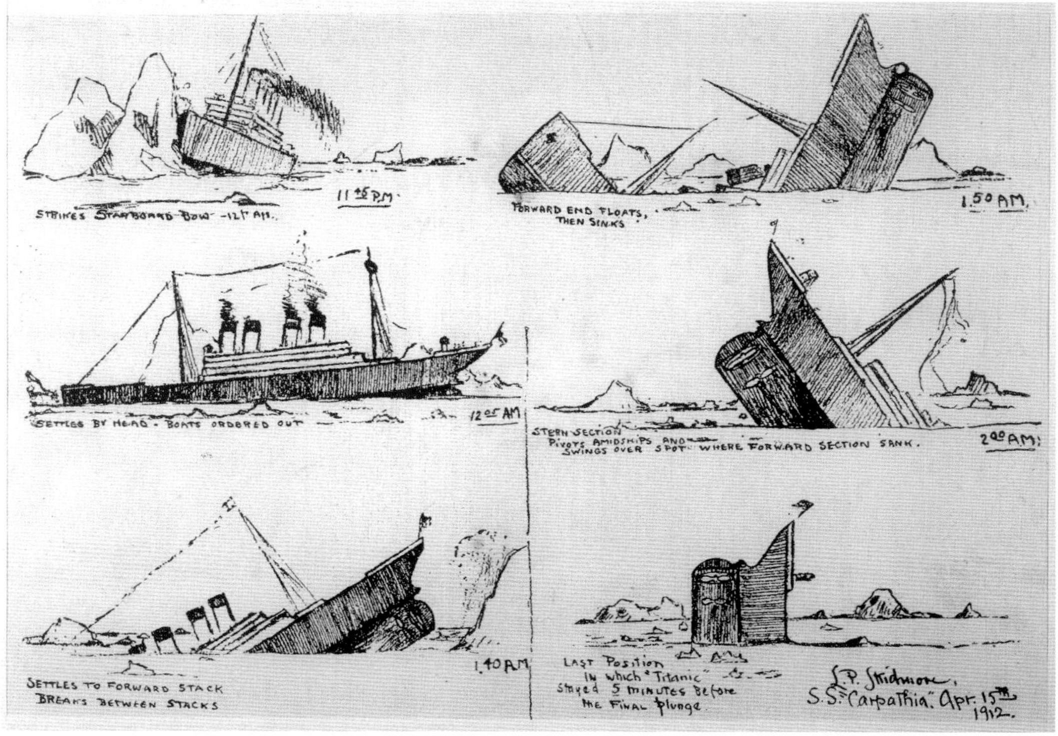

Eine Skizze des Überlebenden John B. Thayer: Die *Titanic* bricht in zwei Teile auseinander

Die Mehrzahl der Personen, die von einer Explosion berichteten, hatten diese aber von den Rettungsbooten im Wasser aus wahrgenommen, kurz vor dem endgültigen Untergang des Schiffs. Ohne Zweifel gab es kurz zuvor einiges an Lärm, der durchaus von den Booten aus gehört werden konnte, die in relativer Hörweite der Katastrophe waren. Mit dem Eintauchen des Bugs unter die Meeresoberfläche begann die *Titanic* deutlich schneller zu sinken, die Wassereinbrüche nahmen an Intensität zu, und das überschwemmte Vorderdeck zog immer stärker nach unten.

Nun ist ein Schiff seiner Natur nach ein Konstrukt, das stets für eine waagrechte Lage ausgelegt ist. Es überwindet keine Steigungen und gleitet keine Gefälle hinab, Höhenunterschiede muss es mithilfe äußerer Technik überwinden (etwa durch Schleusen in der Binnenschifffahrt) – anders als etwa Flugzeuge oder Autos. Natürlich verträgt auch ein Schiffsrumpf gewisse Neigungen, aber idealerweise bewegt er sich in der Horizontalen.

Und so ist auch die Konstruktion ausgelegt. Die ganze viele Tonnen schwere Technik sitzt fest und unbeweglich tief im Rumpf des Dampfers, zusätzlich gehalten von der eigenen Schwerkraft. Die *Titanic* besaß allein 29 Dampfkessel, die knapp fünf Meter hoch waren und aufgereiht im Bauch des Luxusliners standen. Das Gewicht dieser Kolosse, das eigentlich zur Stabilität des Schiffs mit beiträgt, wurde beim Untergang für viele zu einer tödlichen Falle. Durch die zunehmende Neigung der *Titanic* kam irgendwann der Zeitpunkt, an dem sich die Kessel und vermutlich auch allerlei andere schwere Maschinenelemente losrissen. Dies dürfte recht spät der Fall gewesen sein, doch die Wirkung war verheerend. Innerhalb des Schiffs gab es nichts, das diese Massen aufhalten konnte. Die Kessel zertrümmerten und zerquetschten, was sich ihnen in den Weg stellte, Kabinen, Zwischenwände, Menschen. Auch die Bordwände waren kein ernsthaftes Hindernis, sie wurden durchbrochen, weitere Lecks geschlagen. Zahlreiche Menschen dürften auf diese Weise den Tod gefunden haben.

Es war einer der vor dem Absacken aus dem Schiff gefallenen Kessel, den die *Titanic*-Expedition unter Robert Ballard als Erstes entdeckte und anhand deren charakteristischen Aussehens sie die Unglücksstelle auf dem Meeresboden sicher identifizierte. Die Maschinenteile waren wohl mit als Erste auf dem Grund aufgeschlagen. Was viele der Rettungsbootinsassen als Explosion – oder ganze Reihe an Explosionen – deutete, war vermutlich das zerstörerische Durchbrechen der Kessel innerhalb des Schiffs. Diese Annahmen bestätigt die Schilderung Lawrence Beesleys, der auch ohne Belege vom Meeresgrund die gleichen Schlussfolgerungen zog. Er führt an, dass das Geräusch sowohl vom Klang her als auch von seiner relativen Länge – »einige Sekunden, möglicherweise 15 bis 20« – nicht von einer Explosion stammen konnte, sondern nur von den aus ihren Verankerungen gerissenen Kesseln und Maschinen.

Schon vorher hatte sich ja – auch dies mochte Beesely zu seiner offenkundig richtigen Auffassung gebracht haben – ein weiteres Teil der *Titanic* losgerissen und hatte enormen Schaden angerichtet. Die Rede ist von einem

Nach Angaben des Passagiers Frederick Hoyt entstand diese sehr dramatische Zeichnung.

der Schornsteine. Er forderte zahlreiche Opfer an Bord, die er auf seinem Weg ins Wasser (und auch im Wasser) erschlug. Darunter war vermutlich auch John Jacob Astor. Insgesamt erhöhte der Schlot damit die traurige Bilanz der Todesfälle durch herabstürzende Teile. Deren Anzahl war enorm hoch, und viele gehen sogar davon aus, dass mehr Menschen auf diese Weise den Tod fanden als etwa durch Ertrinken.

Das Heck richtet sich auf, um endgültig zu versinken. Eine weitere zeitgenössische Interpretation

Auch das Abbrechen des Schornsteins, sein Aufschlagen erst an Deck und dann auf dem Wasser dürfte ein deutlich wahrnehmbares Geräusch verursacht haben. Allerdings war dieser Vorgang im Gegensatz zum Losreißen der inneren Maschinenteile deutlich sichtbar und geriet folglich weniger in Verdacht, durch eine Explosion verursacht worden zu sein. Die viele, viele Jahre später vollzogenen Untersuchungen am Wrack der *Titanic* konnten die Berichte über Explosionen ebenfalls nicht erhärten. Die vermeintlich durch solche entstandenen Löcher, die auf manchen Bildern zu erkennen sind, waren entweder verursacht durch die genannten ausbrechenden Kessel und anderen Maschinen oder durch das Aufschlagen des Schiffs auf dem Meeresgrund.

Sir Archibald Gracie

In die *Titanic*-Geschichtsbücher ging Sir Archibald Gracie ein als der Mann, der als Letzter von Bord ging – und überlebte. Inwiefern dies stimmt, bleibt offen, einer der Letzten war er mit Sicherheit. Er bestieg kein Rettungsboot (zumindest nicht von Deck), sondern sprang beim Untergang über Bord, um sich nach einigem Aufenthalt im eiskalten Wasser auf das gekenterte Boot unter Commander Lightoller zu retten. Zwar verfasste er noch seinen Bericht über das Unglück, aber Gracie starb noch vor dessen Veröffentlichung an den Folgen der Unterkühlung im eiskalten Wasser acht Monate nach seiner Ret-

43 Tausend Schreie – keiner hilft den zurückgebliebenen Schiffbrüchigen

Die Schuldzuweisungen für die unterlassene Hilfeleistung gegenüber den im Wasser treibenden Opfern der Katastrophe waren vielfältig – zwischen Mannschaft und Passagieren, aber auch innerhalb der Besatzungsmitglieder.

Befragung des Ausgucks G. Symons – Kommandant des Rettungsboots Nummer 1 – durch die britische Untersuchungskommission:
Präsident: Sie sagten, Sie waren erstaunt darüber, dass niemand vorschlug, Sie sollten zurückkehren und den Ertrinkenden zu Hilfe kommen?
Symons: Ja.
Präsident: Warum waren Sie erstaunt?
Symons: Ich war völlig überzeugt, jemand würde dies tun.
Präsident: Es schien vernünftig, dass solch ein Vorschlag gemacht werden sollte?
Symons. Ja, ich würde sagen, es wäre vernünftig.
Dem Attorney-General war das zu wenig, er hakte später noch einmal nach: Ihnen war klar, dass, wären Sie zurückgefahren, Sie eine gute Menge an Leuten hätten retten können?
Symons: Ja.
Attorney-General: Das Meer war ruhig, die Nacht war ruhig, und es hätte keine bessere Nacht sein können, um Menschen zu retten?
Symons: Ja.

Die Ereignisse um die unterlassene Hilfe durch die Rettungsboote ist das, was man ein »düsteres Kapitel« nennt. Nur die zuletzt gefierten Boote waren, wie erwähnt, voll besetzt oder sogar überfüllt. Doch in den ersten gab es allerhand freie Plätze, und manche waren mit dem deutlich geäußerten Auftrag abgesetzt worden, noch einmal zum Schiff zurückzukehren, um weitere Passagiere aufzunehmen. Der Dritte Offizier Pitman – Kommandant von Boot Nummer 5, beim Fieren mit 41 Personen besetzt, was Platz ließ für 24 weitere – erhielt nach seiner eigenen Aussage von seinem Vorgesetzten Murdoch den Befehl: »Sie übernehmen das Kommando über dieses Boot und halten sich an der hinteren Gangway auf.« Die Absicht war klar: Dort sollten weitere Personen aufgenommen werden. Inwieweit dies durchführbar war, muss offen bleiben, Pitman äußerte sich dazu nicht. Erst als das Schiff untergegangen war, gab er den Crewmitgliedern die Order: »Auf, Männer, wir werden

Die Rettungsboote nähern sich der *Carpathia*. Fotografie eines Passagiers an Deck

zum Wrack rudern«, worauf sich unter den Passagieren sofort Protest erhob. Pitman meinte: »Jeder in meinem Boot erklärte mich für verrückt.«

Dies ist das eine Schema. Die Passagiere verweigern sich den Crewmitgliedern – auch Symons stellte es ja für sein Boot so dar –, und insbesondere die Frauen wollten kein weiteres Risiko mehr eingehen. Sie argumentierten nach dem »Spatz-in-der-Hand-Taube-auf-dem-Dach«-Prinzip, und der Spatz war ihr eigenes Leben. Das andere Schema verläuft genau umgekehrt. In Boot Nummer 6 – 28 Plätze besetzt, 37 frei – hat der Rudergänger Hitchens das Kommando, der bei der Kollision auf der Brücke stand. Major Peuchen, Passagier der ersten Klasse, der wegen des Mangels an Seeleuten als zusätzlicher Ruderer an Bord gelassen wurde, stellte ihm kein gutes Zeugnis aus: »Da war Zuruf eines Offiziers, so eine Art Pfeifen, das uns bedeutete, zurück zum Schiff zu kommen. Der Rudergänger befahl uns, das Rudern einzustellen. Wir alle dachten, wir sollten zum Schiff zurückkehren, aber der Rudergänger sagte: ›Nein, wir fahren nicht zurück zum Schiff; es geht jetzt

Die Überlebenden werden an Bord der *Carpathia* geholt. Auch dies eine Originalaufnahme

um unser Leben, nicht um das der anderen.‹ Es seien die Frauen gewesen, die gegen solch ein Vorgehen protestiert hätten.« Doch Hitchens ließ sich nicht umstimmen, er wurde schnell gereizt und bestand darauf, dass er hier das Kommando führe. Peuchen war nicht der einzige Mann, der den Vorfall auf diese Art berichtete, auch der andere Ruderer, Fleet, sagte entsprechend aus, die befragten Frauen sowieso. Hitchens habe allerlei Einwände vorgebracht: das nahe Licht eines anderen Schiffs, das man erreichen müsse, zu wenige Ruder an Bord, zu wenige Vorräte für noch mehr Passagiere, Angst vor dem Sog der untergehenden *Titanic*. Boot Nummer 6 ruderte jedenfalls von der Unglücksstelle davon. Die Atmosphäre zum Zeitpunkt des Untergangs der *Titanic* war fraglos schaurig, und man kann gut nachvollziehen, dass viele Insassen der kleinen Boote einfach nur blanke Angst verspürten. Das Gerücht, der Sog des untergehenden Dampfers würde alle Boote, die der Unfallstelle zu nah wären, zum Kentern bringen oder mit hinabziehen, macht die Runde – auch das ein Grund für die Weigerung zurückzukehren. Aber es ist kein guter Grund, denn so eine Gefahr besteht nicht, aber wer möchte das rein rational überprüfen und erklären?

Stattdessen geschieht nun etwas, »das wir liebend gern für immer vergessen würden«, so Lawrence Beesley. Die *Titanic* ist unter Wasser verschwunden, doch es herrscht keine Stille, sondern ein Anschwellen von Schreien und Hilferufen. Viele der Bootsinsassen waren völlig entsetzt. Tatsächlich schien ein Großteil sich der Illusion hingegeben zu haben, es seien alle Menschen an Bord gerettet worden. Die Erkenntnis, dass noch viele Hunderte nun im Wasser trieben, war ein Schock. Beesley, dessen Boot gut gefüllt war, beschreibt den absurden Versuch einiger Menschen im Boot, die Schreie durch Gesang zu übertönen – doch es herrschte nicht die richtige

Stimmung für Gesang, bemerkte er mit bitterer Lakonie. Mit der Zeit verstummte das Schreien, »eine Stimme nach der anderen erstarb« – buchstäblich, möchte man sagen. Nach 40 Minuten (vermutlich wesentlich früher) war nichts mehr davon zu hören.

Doch auch dieses schreckliche Rufen und Bitten der Ertrinkenden und Erfrierenden konnte keines der Rettungsboote bewegen zurückzufahren – mit einer Ausnahme: Boot Nummer 14, Kommando: der Fünfte Offizier Lowe. Dieses Boot war gut besetzt, also nicht unbedingt ein Kandidat für die Rückfahrt. Lowe war bei den Damen aufgrund seines barschen Tons nicht gerade beliebt. Sie beschreiben ihn als rüde und seine Ausdrucksweise gar als gotteslästerlich (mit anderen Worten, er benutzte nicht zitierfähige Redewendungen wie »gottverdammt«), auch hatte er ja zur Warnung während der Fierung sogar seine Schusswaffe benutzt. Doch die Kehrseite des rauen Burschen waren Durchsetzungsfähigkeit und eine in scheinbarem Widerspruch zu seinem Tonfall stehende Besonnenheit. Obwohl anfangs selbst skeptisch, entschloss er sich nach Untergang des Schiffs, sein Boot mit einigen anderen zu verbinden und die Passagiere sicherer zu verteilen. Allein dies war eine kluge Maßnahme, um das Auffinden der Schiffbrüchigen durch zu Hilfe eilende Schiffe zu erleichtern, von gegenseitiger Unterstützung ganz zu schweigen. Anschließend ruderte er mit seinem eigenen Boot (Nummer 14) und einigen Helfern in Richtung der Schreie. Leider war das Ergebnis dieser Rettungsaktion äußerst dürftig. Nur vier Überlebende konnten geborgen werden, von denen einer kurz darauf starb. Lowe kehrte daraufhin zu dem kleinen Bootsverband zurück.

Dies war der einzige Versuch, Überlebende zu retten, der von einem der Rettungsboote unternommen wurde, die dazu in der Lage waren. Offenbar war Lowe, anders als etwa Pitman oder Symons, fähig, seine eigenen Bedenken zurückzustellen beziehungsweise seine Autorität gegenüber den Passagieren und Crewmitgliedern zu wahren.

»Es bleibt weiterhin ein Rätsel, warum ausgebildete Seeleute in dieser Situation so und nicht anders reagiert haben«, schreibt der *Titanic*-Forscher Walter Lord in *A Night to Remember* – ein Rätsel, für das die Beteiligten selbst keine Lösung hatten, wie die hilflosen Antworten Symons deutlich machen. Laut Lord wurden ganze 13 Passagiere von den Rettungsbooten aufgenommen, Menschen, die – mit Ausnahme der von Lowe aus dem Wasser gezogenen – selbst auf die Boote zugeschwommen waren. Dass keiner den zurückgebliebenen Schiffbrüchigen half, ist also ein Irrtum – richtig müsste es heißen: *Einer* half den zurückgebliebenen Opfern.

44 Schwarz auf weiß – das Unglück wurde bereits 1898 beschrieben

Nicht nur unter den Passagieren, die bereits die Passage gebucht, sich aber dann doch dazu entschlossen hatten, auf die Reise zu verzichten, gab es einige vermeintliche Hellseher, wie wir schon gesehen haben. Im Nachhinein meldeten sich erst recht ganze Heerscharen an Propheten, die das Unglück hatten kommen sehen.

Einer, der sich keineswegs seiner prophetischen Gaben wegen in die Öffentlichkeit drängte, war der amerikanische Schriftsteller Morgan Robertson. Dabei hätte gerade er hierfür sowohl guten Grund als auch allerlei Unterstützung gehabt, gilt doch sein kurzer Roman *The Wreck of the Titan* als die (literarische) Voraussage des Unglücks schlechthin. Robertson, 1861 im Staat New York geboren, hatte seine Geschichte nämlich bereits 1898 veröffentlicht – folglich 14 Jahre vor der Schiffskatastrophe. »Sie war das größte schwimmende Fahrzeug und das großartigste Werk, das der Mensch je geschaffen hatte«, die *Titan*, ein Dampfer der Amerikalinie, prunkvoll, luxuriös, auf dem neuesten Stand der Technik, als unsinkbar geltend. Doch in einer kalten Aprilnacht rammt sie einen Eisberg, sinkt und reißt fast alle Passagiere in den Tod, weil es zu wenige Rettungsboote gibt. Das klingt geradezu erschreckend vertraut.

Der Originalumschlag des Romans von Robertson mit dem ursprünglichen Haupttitel

Doch das sind der Parallelen längst nicht alle. Robertsons *Titan* ist das größte Schiff seiner Zeit, von 260 Meter Länge – die *Titanic* maß nicht einmal zehn Meter mehr. Und sie wies eine besondere technische Raffinesse auf, denn sie besaß wasserdichte Schotten, die sich auf Knopfdruck sekundenschnell schließen ließen. Ja, »diese Türen schlossen auch bei unbemerktem Eindringen von Wasser automatisch«. Damit konnte die *Titan* sogar noch weiterfahren, wenn mehrere ihrer Rumpfsegmente überflutet waren. Man könnte fast meinen, Robertson habe die Baupläne der *Titanic* vor sich auf dem Schreibtisch liegen gehabt. Aufgrund ihrer überlegenen Technik gilt die *Titan* als »unzerstörbar«, die Rettungsboote geradezu nur noch als schmückender Zierat. Deshalb hat man auch nur 24 davon mit an Bord – immerhin vier mehr als die *Titanic*. Das Erstaunen der Öffentlichkeit über Robertsons prophetische Gaben muss nicht verwun-

Der Schriftsteller Morgan Robertson, 1861–1915, Prophet wider Willen

dern – greift man nur diese Punkte des Romans heraus.

Ursprünglich hatte die Geschichte allerdings »Futility« – Zwecklosigkeit – geheißen, und erst später wurde der nun natürlich attraktivere Untertitel »Das Wrack der *Titan*« an die erste Stelle gesetzt. Das Werk handelt auch nicht primär vom Unglück des Schiffs, sondern vom Unglück des ehemaligen Marineoffiziers John Rowland, der nach einer gescheiterten Liebesgeschichte herabgesunken ist zum alkoholkranken Matrosen auf der *Titan*.

Weitere Unterschiede zwischen Roman und Realität: Es ist nicht nur die bereits dritte Fahrt der *Titan*, sie findet auch in umgekehrter Richtung als die der *Titanic* statt, denn sie steuert England an, nicht die USA. Obwohl mit gewaltigen Maschinen ausgerüstet, die weitaus mehr Leistung (75 000 PS) erzeugen als die der *Titanic*, verzichtet die *Titan* nicht auf Segel. Doch die Takelage wird bei dem Zusammenprall mit dem Eisberg völlig zerrissen. Stets benutzt sie die nördliche Atlantikroute, egal ob im Sommer oder Winter, wobei sie sich auf ihre Unsinkbarkeit verlässt. Die Geschichte kann jeder selbst nachlesen, doch es dürfte klar geworden sein, dass es zum Untergang der *Titanic* etliche Diskrepanzen gibt, deren Reihe sich auch noch problemlos eine Weile fortsetzen ließe.

Robertson, der selbst jahrelang als Seemann gedient hatte, wollte mit seinem Roman eher vor den Risiken eines allzu fortschrittsgläubigen modernen Schiffsbaus warnen, als die Rolle eines Propheten anzustreben. Und er wählte hierfür unter anderem das markante Beispiel der völlig unzureichenden Ausstattung mit Rettungsbooten. Dadurch wurde er freilich tatsächlich zum Propheten wider Willen. Gefreut wird er sich darüber wohl nicht haben.

45

Irrungen, Wirrungen – die Zahl der Geretteten liegt bei 900 Personen

Erste voreilige Meldungen in der Presse kurz nach Bekanntwerden des Unglücks, das der *Titanic* auf See widerfahren war, sprachen zwar vom Untergang des Schiffs, aber auch von der glücklichen Rettung aller Passagiere. Dieses Gerücht konnte sich jedoch nicht lange halten und musste bald der schrecklichen Wahrheit weichen. Was blieb, ist die Verwirrung, sei es hinsichtlich der Anzahl der Toten oder der Anzahl der Überlebenden.

Captain Arthur Rostron von der *Carpathia*, unbestrittener Held der Tragödie um die *Titanic*

Lawrence Beesley geht davon aus, dass sich 2208 Personen an Bord befanden, von denen 815 Passagiere und 699 Crewmitglieder ertrunken sind, also 705 überlebt haben.

705 Überlebende ist auch die Zahl, die Kapitän Rostron von der *Carpathia* – vermutlich die Quelle Beesleys – an Bord zählte und die er per Funk übermittelte; er nannte diese auch in den Untersuchungskommissionen.

Die britische Untersuchung ging allerdings von 711 Geretteten aus, die sich auf der *Carpathia* befanden. Rostron widersprach, doch die Zahl ging in den Bericht der Kommission ein. Ein nur sehr schwer erklärbares Kuriosum ist allerdings die Behauptung der Briten, nach all den Zeugenaussagen müssten 914 Menschen die Rettungsboote bestiegen haben. Dies würde bedeuten, dass in der Zeit zwischen dem Fieren von der *Titanic* und der Aufnahme an Bord der *Carpathia* gut 200 Menschen irgendwie verschwunden wären. Zwar sind einige Personen in den Booten verstorben, doch war deren Zahl nicht sonderlich hoch – und oft wurden die Leichen auch gar nicht an Bord der *Carpathia* gebracht. Die Erhebung anhand der Erinnerung der Augenzeugen führte zu einem absurden Ergebnis – sei es aufgrund deren Überforderung oder von Schuldgefühlen wegen der halb leeren Boote.

Und es gab Fälle wie den tot geglaubten Heizer Thomas Hart, der seinen Dienst nie angetreten hatte und nach einem Monat schuldbewusst an die Öffentlichkeit trat. Man konnte ihn also von der Opferliste streichen. Allerdings muss es wohl eine Person gegeben haben, die mithilfe seiner Arbeits-

Überlebende erhalten Hilfe auf dem Deck der *Carpathia*.

papiere seinen Posten einnahm, weshalb sich an der Gesamtzahl der Opfer nichts ändert.

Ähnlich aufsehenerregend und für lange Zeit Lieblingsthema der Sensationspresse war das Schicksal zweier Waisenkinder namens Hoffmann. Deren Vater, Michel Hoffmann, Passagier der zweiten Klasse, hatte seine beiden Söhne gerade noch rechtzeitig Commander Lightoller anvertraut, der sie übernahm und in ein Rettungsboot setzte – und zwar in das letzte, das die *Titanic* regulär verließ. Michel Hoffmann ging mit dem Schiff unter und starb. Nur war »Michel Hoffmann« nicht Michel Hoffmann, sondern Michel Navratil. Die beiden Söhne waren zwar seine eigenen, aber er hatte sie von seiner Ehefrau entführt. Diese war – nachdem es gelungen war, die Kinder zu identifizieren – naturgemäß überglücklich und holte den Nachwuchs ab. Der Leichnam ihres Mannes war mittlerweile ebenfalls geborgen worden, doch daran hatte sie weniger Interesse. Zu allem Überfluss wurde der aufgrund seines falschen Nachnamens dann auch noch im jüdischen Friedhof beigesetzt – er war aber Katholik.

Diese Anekdoten können natürlich nicht die abweichenden Angaben über die Geretteten erklären – auch wenn sie ein Licht darauf werfen, auf welche unerwarteten Schwierigkeiten man bei dem Versuch stößt, diese zu ermitteln. So befriedigend möglicherweise das Wissen um eine exakte Angabe sein mag, so wenig relevant ist sie letztlich gegenüber der eigentlich skandalösen Zahl der *Titanic*-Katastrophe: der Tatsache, dass zwei Drittel der Menschen an Bord nicht überlebt haben. Es sei dabei noch einmal daran erinnert, dass dieses Verhältnis recht genau der Anzahl der Plätze in den Rettungsbooten (1178) in Bezug auf die Gesamtpersonenkapazität der *Titanic* (rund 3500) entspricht. Kurzum: Es war ein einkalkulierter Verlust.

46 Wrack ohne Leichen – das Schiff war beim Sinken komplett verlassen

Der Ort, an dem ein Schiff mit Besatzung und Passagieren untergeht, ist – sofern man ihn kennt – immer auch eine Grabstätte. Im Fall der *Titanic* war zwar die Position bekannt, an der das Schiff im Wasser versank – zumindest konnte man das Gebiet durch die Rettungsaktionen der herbeigeeilten Dampfer und die herumtreibenden Wrackteile eingrenzen, doch erschwerte die Strömung die exakte Lokalisierung. Als sich die Pläne, das Wrack aufzuspüren, konkretisierten und auch in Reichweite des technisch Machbaren gerieten, versuchte der amerikanische Kongress einer eventuellen Plünderung per Gesetz zuvorzukommen, da es sich hierbei um eine Form von Grabschändung handeln würde.

Eine Kabine der ersten Klasse im Wrack der *Titanic*

Man kann sich das mulmige Gefühl vorstellen, das die späteren Tauchexpedition und ihre Teilnehmer beschlichen haben dürfte: Das Wrack musste ja voll sein mit toten Fahrgästen und Crewmitgliedern. Umso größer war die Überraschung, dass das Wrack leer war – keine Leichen, keine Skelette weit und breit. Etwa 1500 Tote, aber von ihnen keine materielle Spur mehr an Bord.

Noch am Tag der Katastrophe, dem 15. April, wurde die Leichenbergung organisiert. Damit ist nicht die Suche der *Californian* und der anderen Schiffe nach deren Eintreffen an der Unglücksstelle gemeint, sondern die Rekrutierung und Ausrüstung des Bergungsschiffs *Mackay-Bennett*, das mit Eis zum Kühlen, Särgen et cetera speziell dafür ausgestattet wurde, die Toten aus dem Wasser zu fischen. Am 17. April lief sie aus, am 20. traf sie am Untergangsort ein. Es war anfangs nicht schwer, Leichen zu finden. Diese wurden nummeriert, man sammelte persönliche Gegenstände ein und versuchte die Toten exakt zu beschreiben, um eine spätere Identifikation zu ermöglichen – kein einfaches und ganz sicher kein schönes Geschäft. Dabei stellte sich heraus, dass viele der Wasserleichen schwere Verletzungen aufwiesen. Damit bestätigte sich die Vermutung, dass viele Opfer weder ertrunken noch erfroren, sondern bereits durch herabstürzende Schiffsteile getötet worden waren.

Es wurde schnell klar, dass die Kapazitäten der *Mackay-Bennett* nicht ausreichen würden. Man schickte deshalb weitere Schiffe auf die Suche, die *Mackay-Bennett* kehrte in ihren Hafen Halifax zurück, an Bord 190 Leichen. Den Rest der knapp über 300 Toten, die man hatte bergen können, hatte man auf See bestattet. Die Schiffe *Minia*, *Montmagny* und *Algerine* konnten ebenfalls noch einige wenige Opfer bergen. Insgesamt gelang es, etwa 330 Passagiere und Crewmitglieder aus dem Wasser zu holen.

Der Bug des untergegangenen Schiffs auf dem Meeresgrund

Dementsprechend bleibt eine ungefähre Anzahl von 1200 Toten, deren Aufenthaltsort ungeklärt ist. Allgemein geht man trotzdem davon aus, dass nur etwa 500 Personen tatsächlich mit der *Titanic* auf den Meeresgrund gesunken sind, auch wenn selten erklärt wird, auf welche Tatsachen sich diese Zahl stützt. Das würde bedeuten, dass der Verbleib weiterer 700 Menschen, die es nicht in die Boote geschafft hatten, auch nicht von den späteren Bergungsschiffen aufgespürt werden konnten, ungeklärt ist, eine Zahl, die recht hoch erscheint. Dabei muss man allerdings berücksichtigen, dass sich das Verteilungsgebiet der Toten im Wasser sehr weit erstrecken kann und sich durch Strömung und andere Einflüsse gewissermaßen mit jedem Tag vergrößert.

Aber an Bord des Wracks wurden auch keine 500 Leichen gefunden, sondern überhaupt keine, sehr zur Erleichterung der Forscher. Die Erklärung dafür liegt auf der Hand: Nach über 70 Jahren hatte die Natur ihr Werk gnädig vollendet und die sterblichen Überreste längst beseitigt. Ganz ohne makabre Elemente war die Durchsuchung der arg mitgenommenen *Titanic* dann aber doch nicht. Denn die Organismen, die für das Verschwinden der menschlichen Überreste offenkundig verantwortlich waren, haben eine durchaus spezielle Auswahl an organischem Material getroffen: So manches Kleidungsstück und insbesondere Schuhe haben sie verschmäht.

47 Versunken ist die *Olympic* – der Untergang ist ein Versicherungsbetrug

Kurz bevor die *Titanic* selbst auf Reisen gehen durfte, bekam sie in Belfast noch einmal verwandtschaftlichen Besuch von ihrer älteren Schwester. Wie an anderer Stelle schon berichtet, musste die *Olympic* zu Reparaturarbeiten zurück in die Werft *Harland & Wolff*. Der unter dem Kommando von Captain Smith beschädigte Dampfer hatte den Linienverkehr bereits aufgenommen und genoss deshalb bei der White Star Line Priorität. Die *Titanic* musste ihren Platz im Dock räumen, und noch einmal lagen die beiden Ozeanriesen nebeneinander – nur dass sie sich inzwischen deutlich ähnlicher geworden waren, da sie sich nicht mehr in verschiedenen Bauphasen befanden. Der Anblick ist jedenfalls beeindruckend.

Leider mussten die Arbeiter bei *Harland & Wolff* bald feststellen, dass die Reparatur der *Olympic* nicht nur wesentlich länger dauern würde als geplant. Genau genommen müsse man sich eingestehen, dass der ganze schöne Luxusdampfer jetzt schon ein mehr oder weniger seeuntüchtiges Wrack sei – ein Schock für die White Star Line, Reeder Ismay und die amerikanischen Besitzer von der IMM. Da war guter Rat teuer.

Doch England ist das Mutterland des Kapitalismus und die USA dessen führender Verfechter. Es wäre also erstaunlich, wenn Leute vom Schlage eines J. P. Morgan und J. Bruce Ismay nicht eine raffinierte Finte als As im Ärmel hätten, um jemand anderen für den Verlust zahlen zu lassen. Die *Olympic* lag ohnehin gerade sehr passend direkt neben ihrer Schwester, der brandneuen *Titanic*, deren Jungfernfahrt groß angekündigt worden war. Und was konnte bei Jungfernfahrten nicht alles passieren?

Und so beschloss man, die beiden Schiffe heimlich umzudeklarieren. Aus der maroden *Olympic* wurde die *Titanic*. In der Werft ließ sich dank des allgemeinen Hochbetriebs und loyaler Mitarbeiter dieser Austausch recht problemlos bewerkstelligen, denn im Großen und Ganzen musste man nur Plaketten und Ähnliches entfernen und neue anbringen, Rettungsringe von der *Olympic* herüber-, die von der *Titanic* hinübertragen. Die zukünftigen Passagiere kannten die Schiffe ja nur von Bildern oder von weitem, die Innenräume kannten sie nicht. Verwechslungen der beiden Schiffe kamen immer wieder vor – übrigens auch heute noch: So manches Bild der *Titanic* zeigt eigentlich die *Olympic*, von der naturgemäß auch mehr Bilder existieren.

Man hatte also folgenden Plan ausgeheckt: Nach dem Austausch aller verdächtigen Objekte, die den Namen des Schiffs enthielten, würde nun die neu erbaute *Titanic* ganz regulär als *Olympic* aus der Werft auslaufen und wieder den Linienverkehr aufnehmen. Derweil bliebe genug Zeit, um die *Olympic* notdürftig zu reparieren und sie dann als *Titanic* auf ihre »erste« Reise loszuschicken. Das Kommando würde wieder einmal der altgediente Captain Smith übernehmen. Für Außenstehende entspräche dies ohnehin der Tradition der White Star Line. Er würde natürlich eingeweiht und mit einem Sonderauftrag versehen. Dem konnte er sich kaum verweigern können, schließlich musste er sich für die Misere der (echten) *Olympic* verantwortlich fühlen.

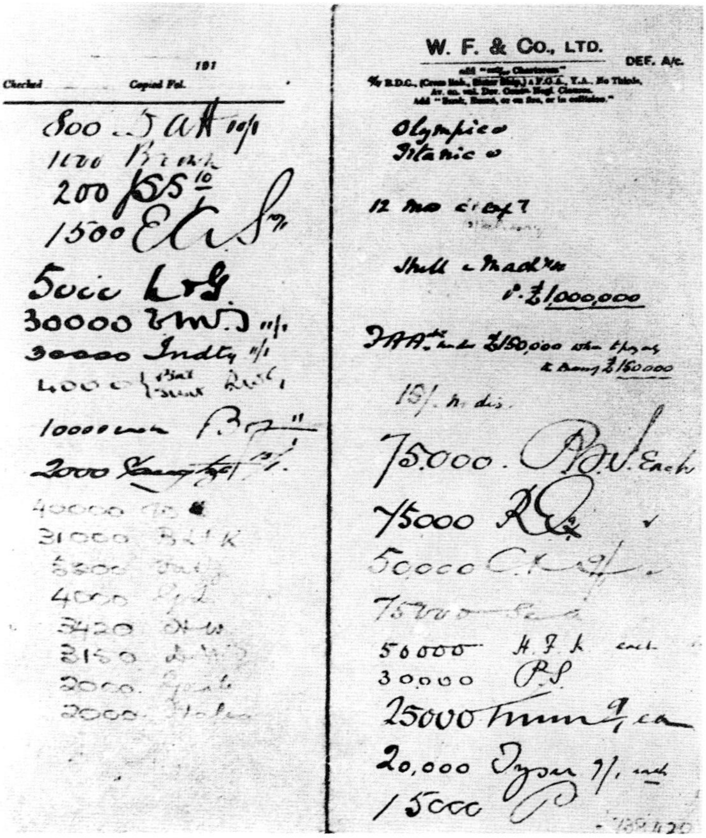
W. F. & Co., LTD.
DEF. A/c
Olympic
Titanic

Ein Auszug aus den Büchern der Seeversicherung Lloyd's – erkennbar rechts oben die Namen *Olympic* und *Titanic*

Die spätere Missachtung der zahlreichen Eiswarnungen am Unglückstag kam folglich nicht von ungefähr, denn Smith hatte den Auftrag, in das Eisfeld zu fahren, um dort die *Titanic* irgendwo anzuschrammen, sodass sie langsam, aber sicher sinken würde. Es würden Schiffe der IMM zur Rettung herbeieilen. Niemand würde dabei zu Schaden kommen, und niemand wäre in der Lage, anschließend den Beweis zu führen, dass es nicht die *Titanic* war, die nun kilometertief im Wasser lag.

So geschah es auch: Captain Smith lenkte die falsche *Titanic* auf den Eisberg, das Schiff ging unter, die Welt erfuhr vom Untergang des Luxusriesen, die Versicherung zahlte, die echte *Titanic* fuhr als *Olympic* noch jahrzehntelang über den Ozean. Dummerweise war Smith nicht ganz so kompetent wie erhofft und wich durch Ungeschicklichkeit so weit vom Plan ab, dass bei der Havarie zwei Drittel der Personen an Bord ihr Leben verloren. Doch falls ihm dies zu denken gegeben haben sollte, war das auch egal, er war als guter Kapitän mit seinem Schiff untergegangen. So konnte er sich auch nicht mehr darüber wundern oder ärgern, dass überhaupt keine Schiffe der IMM in der Nähe waren. Die Überlebenden wurden zu allem Überfluss von einem Dampfer der Cunard Line gerettet.

So weit diese schöne Geschichte aus der Welt der Verschwörungstheorien. Das Komplizierte an solchen Gedankengängen ist, dass die offen vorliegenden Fakten stets verdächtigt werden, bewusst lanciert worden zu sein, um vom tatsächlichen Geschehen abzulenken. Dies führt zu einem ewigen Zirkelschluss, denn je eindeutiger eine Tatsache ist, desto mehr gerät sie in Verdacht, eben nur deshalb so überzeugend zu sein, um die Fachwelt wie die Öffentlichkeit davon zu überzeugen, dass etwas so ist, wie es eben gerade nicht ist. Kurzum: Eine Verschwörungstheorie kann man nicht widerlegen, zumindest nicht für den, der daran glaubt, denn der ist gegen Fakten gewissermaßen immun. Alle anderen dürfen Folgendes bedenken:

Die *Titanic* und die *Olympic* waren einander zwar sehr ähnlich – aber nicht zum Verwechseln, auch wenn das tatsächlich sehr oft geschah und geschieht. Doch es gibt ein einfaches und auch für den Laien auf den ersten Blick erkennbares Merkmal der *Titanic*, das auch nicht einfach durch eine Nacht-und-Nebel-Aktion hätte ausgetauscht werden können: das teilweise geschlossene A-Deck. Dies ist auf allen Bildern zu erkennen und für jemanden, der davor steht – oder nach dem Wrack taucht –, kaum zu übersehen. Ein skeptischer Versicherungsagent oder jeder andere Beobachter hätte sich also fragen müssen, warum man plötzlich auf dem alten Schiff ein geschlossenes Deck einbaut und auf dem neuen, wo vorher eines war, dieses kurz vor der Jungfernfahrt wieder abreißt. Und warum zahlreiche Überlebende berichtet hatten, sie hätten die Rettungsboote auf dem A-Deck nicht besteigen können, weil dort die Fenster geschlossen waren.

Auch würde man der White Star Line oder ihren führenden Köpfen übelsten Zynismus unterstellen, sollte man behaupten, sie habe wegen einer zugegebenermaßen hohen Versicherungssumme das Leben von Mannschaft und Passagieren riskiert. Sie hätte diese nicht nur auf einem nur eingeschränkt seetüchtigen Schiff los schickt, sondern auch noch mit dem Befehl, direkt in ein Eisfeld zu fahren, um dort mit einer kontrollierten

Moment des Austauschs? Die beiden Schwesterschiffe Seit an Seit auf der Werft in Belfast

Havarie den Rest zu besorgen. Natürlich, man hatte den besten Mann der Flotte damit beauftragt und die Dampfer der IMM in der Hinterhand zur schnellen Rettung. Beides aber schien so nicht aufzugehen. Der Kapitän war während des Aufpralls nicht einmal auf der Brücke, und weit und breit eilte kein IMM-Schiff herbei. Selbst wenn die kriminelle Energie der Reedereiführung so weit gereicht hätte, den Verlust zahlreicher Menschenleben in Kauf zu nehmen, bleibt doch die Frage offen, ob nicht das Renommee einer großen Schifffahrtslinie, die sich noch dazu im harten Konkurrenzkampf befand, durch den Verlust ihres Paradestücks bei der Jungfernfahrt größeren Schaden nehmen würde, als es die Versicherungssumme wert war.

Doch wie gesagt, Verschwörungstheorien ist mit Logik oder Sachkenntnis nicht beizukommen. Man macht sich allenfalls der Beteiligung an der Verschwörung verdächtig. Objektiv gesehen gibt es nicht den geringsten Anlass, an einen kriminellen Austausch der Schiffe zum Zweck des Versicherungsbetrugs zu glauben – subjektiv sind und bleiben die Gedanken bekanntlich stets frei.

48 *Hebt die Titanic!* – Schätze an Bord des Wracks

Einem US-amerikanischen Forschungsteam gelingt es 1988 mithilfe der Marine, das gesunkene Wrack der *Titanic* durch ein kompliziertes Sprengverfahren zu heben und nach New York in ihren ursprünglichen Bestimmungshafen zu überführen. Der Grund für dieses riskante Manöver: An Bord vermuten die Amerikaner ein seltenes radioaktives Element in einem der Safes, Byzanium, das sie für den Aufbau eines militärischen Raketenabwehrschirms benötigen.

Spätestens hier wird klar, dass es sich um Fiktion handelt, und zwar den 1976 veröffentlichten und sehr erfolgreichen Spionage- und Abenteuerroman *Hebt die Titanic!* von Clive Cussler, ein typisches Produkt des Kalten Kriegs. Sein Roman ist beispielhaft für Fantasien, die schon kurz nach dem Untergang aufblühten: Auf dem Meeresgrund, in einem gesunkenen Luxusdampfer, der einige Multimillionäre mit in den Tod gerissen hatte, mussten sich quasi zwangsläufig wertvolle Gegenstände aller Art finden lassen – nicht unbedingt spaltbare Produkte wie im Roman, eher Juwelen, Goldbarren oder Aktienpakete.

Wieder einmal ist es der treue Lawrence Beesley – als Lehrer eines großen Vermögens eher unverdächtig –, der eine aufschlussreiche Geschichte liefert. Verantwortlich für die Aufbewahrung wertvoller Güter war der Zahlmeister. An Bord der *Titanic* war dies H. W. McElroy. Er verwaltete die Safes und händigte jedem, der etwas in diesen aufbewahren wollte, eine Quittung aus, mit der er persönlich seine Pretiosen wieder abholen musste. Die White Star Line wies auch explizit darauf hin, sie übernehme keinerlei Haftung für Wertgegenstände, die abhanden gekommen seien, weil sie der Fahrgast nicht beim Zahlmeister abgegeben habe. Einige Zeit nach dem Zusammenstoß mit dem Eisberg kehrte Beesley noch einmal ins Innere des Schiffs zurück, um zwei Damen zu helfen, die Schwimmwesten aus ihrer Kabine zu holen. Dabei kam er auch am Büro des Zahlmeisters vorbei, den er kurz danach dabei beobachtete, wie er die Tür seines Raums verschloss und den Inhalt der Tresore nach oben trug.

Beesleys Theorie erschien zwar noch 1912 in seinem Bericht, aber erstens musste sie ja nicht wahr sein – er selbst bezeichnete sie nur als »höchstwahrscheinlich« –, zweitens wird sie nicht jeder gelesen haben, und drittens wird sich ein echter Schatzsucher davon kaum abhalten lassen.

Es ist so weit! Die *Titanic* kehrt an die Oberfläche zurück, wenn auch nur auf dem Filmplakat.

Die von den einen herbeigesehnten, von den anderen eher skeptisch beäugten Expeditionen fanden bekanntlich dann doch irgendwann statt. Während die ersten wissenschaftlichen Tauchgänge unter Robert Ballard sich noch strikt an das Prinzip hielten, keinerlei Gegenstände vom Wrack mit an die Oberfläche zu transportieren, schwand diese Art von Pietät schnell dahin. Wie drückt es die deutsche Übersetzung eines neueren Buchs über die *Titanic* so treffend aus: »Was geborgen wurde, waren keine Schätze, sondern schlichtweg ›Ramsch‹ – keine Kuriositäten und Pretiosen, sondern Banalitäten und Rost.« Man hätte wohl doch auf den Augenzeugen Beesley vertrauen sollen.

Oder doch einfach nur auf den Mann hören, der zuständig gewesen wäre: Zahlmeister McElroy. Denn dessen akribische Frachtliste war schließlich kein Geheimnis. Und darauf findet sich nichts. Kein Gold, keine exotischen Juwelen oder Aktienpakete.

Zweifelsohne lässt sich mit kaputten Tassen, Türgriffen oder Schuhen, die aus der *Titanic* geborgen wurden, Geld machen, und das nicht einmal schlecht. Genügend Sammler sind bereit, für dergleichen tief in die Tasche zu greifen. Vielleicht werden uns unsere Nachfahren irgendwann für das abstruse Interesse an einem kaputten Schiff, das vor Jahrhunderten unterging, belächeln und nicht mehr bereit sein, für einen verbogenen Löffel auch noch etwas zu bezahlen. Vielleicht aber auch nicht. Irgendwann wird das Wrack dann geplündert sein. Eine große Überraschung in Form eines richtigen Schatzes ist jedenfalls kaum mehr zu erwarten.

49 Der Untergang der *Titanic* – das größte Schiffsunglück der Menschheit

Der Tod von über 1500 Menschen an Bord eines für unsinkbar gehaltenen Schiffs war für die Zeitgenossen ein Schock, aber sicher war er keine Zeitenwende, die das bisherige Vertrauen in Fortschritt und Technik schlagartig versiegen ließ, wie es in manchen Berichten überinterpretiert wird. Immerhin war spätestens mit den Ergebnissen der beiden Untersuchungskommissionen klar, wie fahrlässig man mit dem Leben der Passagiere und Mannschaften umgegangen war. Der Untergang der *Titanic* hatte aus seinem traurigen Anlass heraus positive Konsequenzen, die bis heute Geltung besitzen.

Die Bugklappe der *Estonia* wird geborgen – laut späterem Untersuchungsbericht war sie die Ursache der Katastrophe.

Von da an hatte jedes Schiff so viele Plätze in den Rettungsbooten bereitzuhalten, wie es Menschen an Bord befördern konnte, Fahrgäste und Crew. Der Funkraum musste ab einer bestimmten Personenzahl (etwa 50) stets besetzt sein, die Schifffahrtsrouten wurden weiter nach Süden verlegt, um das Eis zu umgehen. Zur Kontrolle der Eisberge und Eisfelder wurden eine internationale Eiswacht gegründet, die erst mit speziell ausgerüsteten Schiffen, heute mit Flugzeugen, arbeitet, Koordinierungsstellen errichtet und regelmäßig Konferenzen abgehalten. Und so blieb die *Titanic*-Katastrophe lange Zeit das schwerste Schiffsunglück der modernen Seefahrt.

Allerdings nur der zivilen. Denn Kriegsschiffe werden schließlich gebaut, um andere Schiffe zu zerstören. Dabei gehen sie das Risiko ein, selbst versenkt zu werden, Opfer also, die dem Wesen des Kriegs entsprechend kalkuliert sind. Allerdings werden in solchen Zeiten neben Marinesoldaten auch oft zahlreiche Zivilisten getötet, sei es durch die Torpedierung feindlicher Handelsschiffe, sei es durch Irrtümer oder durch unklare Grenzen zwischen einem zivil oder doch militärisch genutzten Schiff. Die Versenkung des *Titanic*-Konkurrenzschiffs *Lusitania* (einer der schnellen Cunard-Dampfer) durch ein deutsches U-Boot 1915 forderte an die 1200 Opfer und war für die USA ein Argument, um später in den Krieg gegen das Deutsche Reich einzutreten, da auch zahlreiche amerikanische

Das KdF-Schiff *Wilhelm Gustloff* – als Flüchtlingstransporter wurde sie kurz vor Ende des Zweiten Weltkriegs torpediert.

Passagiere ums Leben kamen. Das gleiche Schicksal ereilte das Schwesterschiff der *Titanic* ein Jahr später. Nach einem Torpedotreffer ging die *Britannic* 1916 in der Ägäis unter, die Opferzahlen waren zum Glück gering.

Aus deutscher Sicht das vielleicht berühmteste Beispiel – und gleichzeitig eine der größten Schiffskatastrophen der Menschheit – war der Untergang des Flüchtlingsdampfers *Wilhelm Gustloff* kurz vor Ende des Zweiten Weltkriegs. Beauftragt, deutsche Bewohner des von der Roten Armee bedrohten Ostpreußen zu evakuieren, stach die *Wilhelm Gustloff* völlig überladen am 30. Januar 1945 Richtung Westen in See und wurde dabei Opfer eines sowjetischen U-Boot-Angriffs. Die Umstände sind ähnlich umstritten wie die Opferzahlen. Nur knapp über 1200 Menschen wurden gerettet, vermutlich starben mindestens 4000, eventuell sogar an die 9000 Menschen.

Die zivile Schifffahrt blieb nach der *Titanic*-Katastrophe lange Zeit von solchen Katastrophen verschont. Dank der Verbesserung der Sicherheitsstandards konnte der Luxusliner seinen traurigen Rekord über Jahrzehnte halten. Sobald man allerdings anfing, diese wieder zu umgehen, war es damit vorbei. 1987 begann eine Reihe von Unglücken mit Fährschiffen, eingeleitet von der Kollision der *Doña Paz* mit einem Tanker vor den Philippinen. Das Schiff war voll gepfercht mit Passagieren, weshalb die offiziellen Opferzahlen weit von den tatsächlichen abweichen: Günstige Schätzungen sprechen von über 3000 Toten, realistische von etwa 4375.

Viele Fähren sind heute wieder über die Maßen voll beladen – der *Titanic*-Schock, der vor allem in Europa und Amerika gewirkt hatte, scheint folglich an Wirkung zu verlieren. Damit wäre die einzig positive Auswirkung des Untergangs der *Titanic* in Gefahr, vergessen zu werden.

50 Statt eines Nachworts – Leonardo DiCaprio geht unter

Das Bild vom Untergang der *Titanic* wird in der jüngeren Generation nicht mehr geprägt von Walter Lords *A Night to Remember*, lange Zeit als Buch und Film der Klassiker schlechthin, sondern von der gigantischen Verfilmung James Camerons, die sich in ihrer generellen Bescheidenheit schlicht *Titanic* nannte.

Am Werbeaufwand wurde bei diesem Projekt so wenig gespart wie an (fast) allem anderen: ein Budget von etwa 200 Millionen Dollar, der Bau eines riesigen Schiffsmodells mit detailgetreuer Ausstattung, um dieses in realistischer Manier für die Dreharbeiten zu versenken, eine Expedition zum echten Wrack, aufwendige Computer- und Spezialeffekte, zwei zugkräftige Jungstars, Überlänge von mehr als drei Stunden. Es hat sich gelohnt: erst traumhafte Einnahmen an der Kinokasse, der Titelsong auf Platz eins der Charts, dann elf Oscars von der Academy, folglich das Prädikat »erfolgreichster Film aller Zeiten«. Der Streifen von 1997 gestattet es uns, noch einmal auf die tatsächlich derzeit populärsten Irrtümer zurückzublicken.

Vorab: Der Oscar für die Ausstattung ist verdient, das Schiff vermittelt einen sehr guten Eindruck des Originals, dafür wurde viel authentisches Material rekonstruiert. Nicht jedes Detail mag stimmen, aber der Gesamteindruck ist hervorragend. Für das Drehbuch gab es keinen Oscar – auch das zu Recht. Die Liebesgeschichte ist mehr oder weniger trivial, die Charaktere sind extrem flach, beides verschwindet im Bombast der Inszenierung und Ausstattung. Dementsprechend vernachlässigbar ist die Handlung, deren grober Ablauf ohnehin durch das Wissen über die Katastrophe vorgezeichnet ist. Der Reeder J. Bruce Ismay (Jonathan Hyde) ist wieder einmal der überhebliche Größenwahnsinnige, der Rekorde jagt. Er setzt den Kapitän unter Druck, träumt von den großen Schlagzeilen, noch während der Meldung von den Schäden auf der Brücke drängt er zur schnellen Weiterfahrt. Kein Wunder also, dass er später in einem unbeaufsichtigten Moment ein Rettungsboot entert – Murdoch, der Erste Offizier, schaut ihm entgeistert hinterher. Ismay ist und bleibt einer der großen Sündenböcke.

Captain Smith (Bernhard Hill), sein Widerpart, der ihm wenig entgegenzusetzen hat, ist ein Zauderer, der noch dazu nach Eintreten des Unglücks völlig lethargisch wirkt. Er spricht kaum noch einen einzigen Satz, das Heft

Leonardo DiCaprio rettet Kate Winslet, aber nicht sich selbst, in der Bombastverfilmung James Camerons.

nehmen Offiziere wie Lightoller und Murdoch in die Hand. Sterben darf er – das scheint sein eigener Entschluss zu sein – allein auf der Brücke, auf die er zu diesem Zweck zurückgekehrt ist.

Der Kapitän war während der Kollision nicht auf der Brücke – so weit, so gut. Er hatte sich vorher allerdings seltsamerweise bei Lightoller abgemeldet – der zu dieser Zeit in Wahrheit keinen Dienst hatte. Die Offiziere unterhalten sich auch über die fehlenden Ferngläser im Ausguck. Impliziert wird hier die Kontroverse um deren mögliche Vorteile bei der Sichtung des Eisbergs. Nachdem dieser gerammt wurde, vergeht lange Zeit, bis Murdoch endlich die Schotten schließen lässt. Die Offiziere und so mancher Passagier sind auch mehr damit beschäftigt, dem Eisberg hinterherzusehen, der seine Brocken dekorativ auf das Vorderdeck verteilt hat. Hier erlaubt sich der Film also sehr viele Freiheiten, die nicht alle mit den derzeitigen Erkenntnissen übereinstimmen.

Als Werbespot für die White Star Line kann das Epos keinesfalls gelten. Neben dem seltsam blass und vor allem wenig durchsetzungsfähig wirkenden Kapitän wird das Personal des Schiffs wenig sympathisch gezeichnet. Offiziere und Stewards wirken teilweise völlig überfordert. Der Erste Offizier Murdoch ist eine besonders unausgegorene Figur: Erst lässt er sich von dem Verlobten Roses (Billy Zane) bestechen – er fordert ihn beim Beladen eines der Rettungsboote auch deutlich auf einzusteigen, der aber möchte nicht ohne Rose gehen und lässt die Chance verstreichen. Später hat Murdoch es sich anders überlegt und wirft Cal Hockley sein Geld ins Gesicht. Der, bösartiger Widerling, der er nun einmal ist, schnappt sich ein weinendes Kind, das er zuvor noch absichtlich übersehen hat, und sichert sich somit doch noch einen Platz an Bord eines anderen Boots. Er hat doppelt Glück, denn Murdoch hat inzwischen einen Passagier der dritten Klasse erschossen – und aus Reue über diese Tat im Anschluss sich gleich selbst. Das ist – zugegeben – eine ganz neue Variante seines nie stattgefundenen Selbstmords.

Geschossen wird sowieso sehr viel. Selbst Stewards halten mit Pistolen die Zwischendeckpassagiere in Schach. Die sind auch in Panik, der Ansturm auf die Boote ist enorm, obwohl das Schiff kurioserweise sehr, sehr langsam sinkt, auch nachdem der Bug längst unter Wasser getaucht ist. Der Film wirft kein sehr gutes Licht auf die Millionärswelt und unterscheidet sich damit von vielen anderen Romanen und Verfilmungen, spinnt aber einige Sagen weiter. So sieht man Guggenheim die Schwimmweste ablehnen, weil er im Smoking (und mit Brandy) untergehen möchte, die Strausens liegen umschlungen auf ihrem bereits vom Wasser umspülten Kabinenbett.

Einen positiven Charakter unter den Offiziellen gibt es dann doch, und da das Drehbuch nur ganz gut oder ganz böse kennt, ist Thomas Andrews, der Konstrukteur, ein zwar melancholischer, aber strahlender Held. Rose gibt er die seltsame Auskunft, dass die Rettungsboote nur »für die Hälfte der Passagiere« reichen würden – was nicht zutraf, denn sie hätten für die überwiegende Mehrheit der an Bord befindlichen Fahrgäste gereicht, allerdings nur ohne Crew. Wäre dagegen die *Titanic* wiederum voll ausgelastet gewesen, hätten die Boote auch nicht für die Hälfte der Passagiere gereicht. Es wird ein Rätsel bleiben, was er wohl sagen wollte. Während der Kollision sieht er, wie die Deckenlampe in seiner Kabine zittert. Der echte Andrews hat von dem Zusammenstoß bekanntlich nichts mitbekommen. Später hat er noch Zeit, Lightoller an den Davits anzupflaumen, warum er so wenige

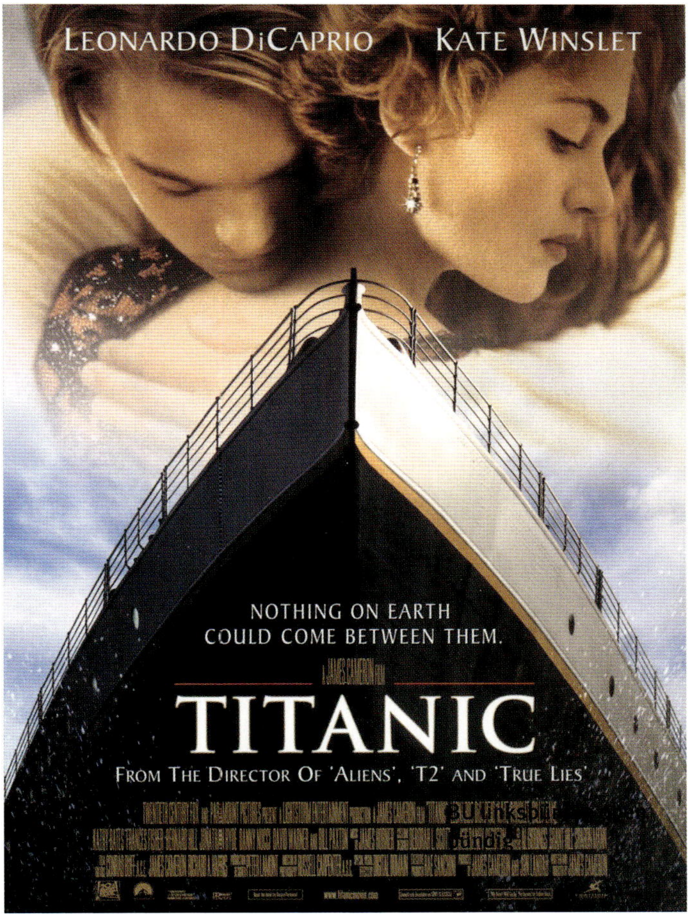

Das Filmplakat zum Spektakel: Für den Superdampfer waren schließlich nur Superlative standesgemäß.

Leute in die Boote lasse, wo man doch bereits in Belfast getestet habe, dass sie für bis zu 70 Personen reichen würden. Das überrascht uns genauso wie Lightoller.

Der Fünfte Offizier Lowe zeigt sich als Ausnahme unter den Offizieren und darf dafür später bei der Rückfahrt mit seinem Rettungsboot Kate Winslet retten. Anklagend wird dann noch berichtet – von Rose aus der Rahmenhandlung –, es seien nach dem Untergang nur sechs Personen gerettet worden. Diese Zahl ist für die Rettungsaktion Lowes zu hoch (vier), für die Gesamtzahl zu niedrig (vermutlich 13), auch wenn die Hervorhebung des krassen Missverhältnisses natürlich berechtigt ist.

Die Sorgfalt bei der Ausstattung wurde also nicht immer auch auf die Einhaltung der Fakten verwendet, aber natürlich sind gerade Anekdoten wie Guggenheims Smoking oder Action wie Schießereien an Bord und Massenpanik für einen Regisseur und Drehbuchautor zu faszinierend, als dass er sie nicht auch in Szene setzte. Cameron macht sich da nicht mehr oder weniger der Verfälschung schuldig als seine zahlreichen Vorgänger. Verwundern mag eher die unterschwellige Kritik am pompösen Auftreten der Millionäre, an der Überheblichkeit des auf Schlagzeilen versessenen Ismay bei einem Film, der selbst nichts anderes als Superlative repräsentiert und auf Bombast setzt – ganz wie die *Titanic* selbst. So gesehen passt das gut zusammen. Und möchten Sie raten, welches Lied die Band als Allerletztes spielt? Richtig: »Näher mein Gott zu Dir«.

Bildnachweis:

Archiv Bucher: S. 22. Alle folgenden Abbildungen wurden über dpa Picture-Alliance GmbH, Frankfurt bezogen: Arco Images GmbH: S. 57 (G. Lenz); Archiv für Kunst und Geschichte (akg-images): Umschlagabb. klein/rechts, S. 12, 17/18 (Universal Images Gro), 21, 23, 24 (United Images Gro), 25/28 (© Illustrated London News Ltd), 31, 33 (Universal Images Gro), 34, 37 (United Images Gro), 38, 41/47/51 (Universal Images Gro), 60, 61/63/69/70/73/77 (Universal Images Gro), 79 (Bildarchiv Steffens), 81 (Universal Images Gro), 83, 91 (Universal Images Gro), 93, 94, 99, 107, 118, 119, 121 (Universal Images Gro), 127, 131; dpa: S. 50, 52 (dpaweb), 85, 128, 129, 136; Everett Collection: S. 35, 46, 48; IAM: S. 133 (akg/NA); Image State: S. 32 (HIP); landov: S. 111; Mary Evans Picture Library: Umschlagabb. groß u. klein/links (© Illustrated London News Ltd), S. 10, 13 (MARK), 14, 15 (ONSLO), 27 (© Illustrated London News Ltd), 45 (ILLUS), 53 (ONSLO), 71, 87, 89 (© Illustrated London News Ltd), 96 (ONSLO), 97 (MARY), 101, 103 (ILLUS), 104, 106 (ONSLO), 108/115 (© Illustrated London News Ltd), 117 (MARY), 122, 124–126, 135, 139, 141; MAXPPP: S. 11; picture alliance: S. 137; United Archives: S. 20, 65/75 (TopFoto); Zentralbild: S. 55; ZUMAPRESS: S. 49.

Der Verlag hat sich bemüht, die Rechteinhaber aller Abbildungen korrekt anzugeben, und bittet, mögliche Falschangaben zu entschuldigen.

Benedikt Grimmler, geboren 1980 in Kulmbach, Oberfranken, war im Museum seiner Heimatstadt Stadtsteinach tätig, ehe er Germanistik, Anglistik und Amerikanistik in Konstanz und Wien studierte. Zurzeit promoviert er an der Universität Konstanz im Fach Germanistik, gelegentlich versucht er, die Schüler an Gymnasien für Linguistik zu begeistern. Benedikt Grimmler veröffentlichte zahlreiche Beiträge zu geschichtlichen und kulturwissenschaftlichen Themen, unter anderem im Onlinemagazin *Suite101.de*.

Impressum

www.bucher-verlag.de

Produktmanagement: Dorothea Teubner
Redaktion, Satz und Gestaltung: VerlagsService Dr. Helmut Neuberger & Karl Schaumann GmbH, München
Gestaltung Umschlag: Studio Schübel Werbeagentur GmbH, München
Lithografie: Repro Ludwig, Zell am See
Herstellung: Bettina Schippel
Druck und Bindung: Printer Trento S.r.l.

Bibliografische Angaben der Deutschen Nationalbibliothek
Die deutsche Nationalbibliothek verzeichnet diese Publikation in der Deutschen Nationalbiografie; detaillierte bibliografische Daten sind im Internet über http://dnb.d-nb.de abrufbar.

ISBN 978-3-7658-1884-4